AF554188

JAMAIS
ET
DEMAIN.

JAMAIS
ET
DEMAIN;
OU

COMMENT, avec tous les moyens d'être heureux, le peuple Français s'abyme dans les maux d'une Révolution qui, si l'on veut, finira DEMAIN, et qui, faute de s'entendre, ne finira JAMAIS: prenez et lisez.

PAR L. N. BENJAMIN BABLOT, *Médecin.*

SECONDE ÉDITION.

Prix trente sous, broché.

A CHALONS-SUR-MARNE, chez BONIEZ,
&
A PARIS, chez les Marchands de nouveautés.

En Frimaire, an 5, de la République, ou Décembre 1797 (v. s.)

OUVRAGES DU MÊME AUTEUR,

Dont il reste encore quelques exemplaires d[...] commerce.

Dissertation sur le pouvoir de l'imagination des[...] mes enceintes. 1 vol. in-8°., à Paris, chez Croull[...] libraire rue des Mathurins, n°. 398, & chez l'A[...] à Châlons, 2ᴴ 10ˢ broché.

Le Caducée, ou organisation du Département [...] Marne, 2 vol. in-8°., réunis en un seul, à Châ[...] chez Boniez, 3ᴴ broché.

L'Observateur du Département de la Marne, [...] in-8°. broché, chez le même, 5ᴴ.

Lettre au Conventionnel ALBERT, chez le même[...]

JAMAIS.

ET

DEMAIN.

Les prêtres & les rois craignent les lumières ; un gouvernement libre les appelle. Extrait de l'Instruction adressée par le Directoire exécutif, à ses Commissaires près les Administrations & les Tribunaux, le 12 frimaire, an 4, pag. 12.

QUOI ! toujours au milieu de nous des divisions & des haines ! toujours des complots & des conspirations !!! QUAND VERRONS-NOUS DONC ENFIN LE TERME SI DÉSIRÉ DE NOS MAUX !

Tel est le cri douloureux que de profonds scélérats, de vils factieux, abusant de la toute-puissance nationale, étaient parvenus, par l'amas de la terreur & du crime, à étouffer trop long-tems dans le cœur froissé de l'homme sensible, de l'ami de la paix, des principes & de l'humanité, dans le cœur, en un mot, du modeste & vertueux républicain.

Il est né, ce cri plaintif, de l'excès toujours croissant des orages de la liberté, autant & plus peut-être que du besoin si pressant de la tranquillité commune. Libre en ce moment, & pour jamais sans-doute, du joug

tyrannique de la contrainte, encouragé même
génie tutélaire qui veille aux destinées de l'em
cet accent douloureux retentit aujourd'hui d'une
mité de la république à l'autre. Il vient encore
faire entendre jusque dans le sanctuaire de la lé
ture *française* (1).

QUAND VERRONS-NOUS DONC ENFIN LE T
SI DÉSIRÉ DE NOS MAUX !

Législateurs ! JAMAIS ! tant que, divisés d'op
& d'intérêts, vous ne nous présenterez point,
spectacle imposant de votre réunion, cette
morale & indivisible de représentation qui doit
mir celle de la république que nous avons tous j

Dépositaires, si j'ose ainsi dire, du feu élec
des passions, des animosités & des vengeances,
en êtes les véritables conducteurs ; & c'est vous
du foyer ardent où vous êtes placés, lui comm
quez au loin cette activité funeste, qui agite &
vore les membres du corps social. Hé ! ne voyez
pas, en effet, que la mesure de vos divisions est
le thermomètre fatal de ces mouvemens qui, de
che en proche, agitent si souvent, en sens cont
la nation inquiète qui vous contemple ?

QUAND VERRONS-NOUS DONC ENFIN LE T
SI DÉSIRÉ DE NOS MAUX !

Législateurs ! DEMAIN, si, abjurant pour ja

(1) Voyez dans tous les journaux, la motion de I
LEUL, à la séance du 6 vendémiaire, an 5, dans la tr
des CINQ-CENTS.

vos altercations & vos animosités, vos divisions & vos haines, vous ne présentez plus à la *france* attendrie qu'un seul & même désir, celui de son bonheur; qu'une seule & même volonté, celle de maintenir dans toute son intégrité, fut-ce même au péril de vos jours, la constitution politique que le peuple s'est donnée. Vous connaissez le pouvoir de l'exemple dans les personnes en place :

Componitur orbis
Regis ad exemplum,

a dit un poëte moraliste. Cette maxime, sans-doute, trouve son application ailleurs encore que sur le trône. Oui, législateurs! réunissez-vous tous; *que vos travaux communs*, suivant l'expression du directoire (2), ne *soient* plus *qu'un concert d'amour*, qu'*un hymne éternel à la concorde*; & à l'instant la réunion franche & spontanée de tous les *français*, devenue votre heureux ouvrage, crayonnera l'ébauche de votre gloire.

QUAND VERRONS-NOUS DONC ENFIN LE TERME SI DÉSIRÉ DE NOS MAUX!

Législateurs! JAMAIS! tant que, plus occupés des hommes que des choses, nous ne verrons par-tout, à votre exemple, avec nos petites convenances, que celles du sang & de l'amitié, & rarement les grands intérêts de la patrie.

Législateurs! JAMAIS! tant que la fortune de

---

(2) Page 13 de son *Instruction* du 12 frimaire, an 4, *à ses Commissaires.*

l'homme probe & confiant, à la merci de l'im bité, en deviendra légalement la proie.

JAMAIS ! tant que, lutant contre l'excès du beso de la misère, la vertu républicaine, forcée de se r cher ses nombreux sacrifices, se fera un crime quelque sorte, d'avoir fait bande à part avec la ruption du tems, & de n'avoir pas voulu, pour cher la soif à venir, mouiller son doigt dans le f révolutionnaire de l'iniquité du siècle.

JAMAIS ! non JAMAIS ! tant qu'après l'avoir réduire en systême, on aura le vil courage de favo encore, par la vente du papier-monnaie, cet agio épidémique qui a tué la loyauté *française*, étou feu sacré des mœurs antiques, inoculé de toute le virus d'une immoralité révoltante; cet agio effréné, qui est ainsi parvenu à empoisonner tou canaux de la félicité publique.

QUAND VERRONS-NOUS DONC ENFIN LE TE SI DÉSIRÉ DE NOS MAUX !

Législateurs ! DEMAIN, si, supérieurs aux pa nombreuses qui vous obsèdent, maîtres des év mens, insensibles à l'aiguillon de la vanité, indiff sur le blâme comme sur la louange, quand l'u injuste, & l'autre intéressée; si, de glace sur les h mes, mais de feu sur les choses; si, sourds à la des préjugés, aux clameurs & aux prétention l'égoïsme; si, tous pleins, en un mot, de la sai de votre ministère, & n'ayant désormais pour bou de vos opérations, que les intérêts sacrés de la pa vous voilez les faibleſſes de l'homme, pour ne préſenter aux regards, à l'admiration & à la reconnaiſſance publics, que le caractère auguſte du véritable légiſlateur.

Demain, ſi, vengeant ſes droits trop long-tems méconnus, & volant, contre le brigandage, au ſecours de la probité, la juſtice nationale garantit à des milliers de malheureux le revenu & la propriété de leur unique *avoir*, de ces reſſources diſponibles dont ils ne ſe ſont deſſaiſis, pour faciliter le jeu vivifiant du commerce & de l'induſtrie, que ſous la ſauvegarde & la garantie de la loi. Des titres qui conſtatent par-tout l'authenticité & la bonne foi de ces aliénations ou la franchiſe de ces prêts, les uns ſont là, & les autres exiſtent encore du-moins dans la conſcience bourrelée des brigands qui voudraient, mais qui ne peuvent les nier.

Demain, ſi vous levez cette incertitude cruelle qui, rendant nulles toutes nos tranſactions ſociales, étrangle par-tout l'ame des états, le commerce & l'induſtrie, & qui déjà menace de couvrir, à ſon aurore, la république du crêpe de la mort.

Légiſlateurs! demain, vous dis-je, oui demain, ſi, par un bon plan de finances, vous nous tirez enfin de cet abyme ſans fonds, où nous ont plongés, avec vos tâtonnemens, les écarts de vos prédéceſſeurs, les malheurs des circonſtances, les fléaux réunis d'une guerre inteſtine & étrangère, & le gaſpillage déhonté des nombreux agens de la république. Hâtez-vous donc de consommer ce grand œuvre. Car qu'est-ce, dites-le-moi, qu'est-ce que notre systême de finances depuis plus de deux ans ? triomphe du méchant, désespoir de l'homme de bien, il a été, il est encore la pierre philosophale de l'infâme agiot, & le *coupe-gorge* de la probité. Hélas ! il a consommé, cet affreux systême, la ruine des particuliers, & dévoré le fisc de l'état !

Mais dans les sages combinaisons de votre nouveau plan, loin de vous les exactions révoltantes, j'ai presque dit les escroqueries politiques des despotes ! La patrie, nous le savons, a de grands besoins, & son salut exige qu'ils soient promptement satisfaits ; rien de plus juste : hé bien, demandez ; mais ne souffrez pas qu'on vole (3). Quoique fatigué de sacrifices, le *français* en fera de nouveaux ; & vous le verrez les proportionner toujours aux besoins de sa patrie. La probité est dans votre cœur ; faites-la passer dans vos décrets, & que votre nouveau plan de finances ne nous offre plus que ce caractère de franchise & de

(3) On se rappellera long-tems, entr'autres, la fameuse réquisition du Comité de salut public de la Convention nationale, sur la race immonde des cochons. La pénurie des approvisionnemens de *Paris* & des armées, avait coloré le prétexte de cette singulière réquisition. Il ne paraît pas qu'elle ait rempli son objet ; car, précipitée dans les différens bras de nos rivières, à l'instant de leur embarquement pour *Paris*, une partie de ces animaux a servi de pâture aux poissons, & le reste a graissé les choux & les pois de quelques centaines de *vivriers & compagnie*.

loyauté qui convient à la nation dont vous êtes les repréſentans.

QUAND VERRONS-NOUS DONC ENFIN LE TERME SI DÉSIRÉ DE NOS MAUX !

Légiſlateurs! JAMAIS ! tant que nous ſerons encombrés de lois, & que nous n'en aurons pas une. On a reproché, pendant un tems, à la *grèce* d'avoir eu des lois plutôt que des principes (4). Ce reproche eſt violent ſans doute : hé bien, nous n'en ſommes pas même dignes ; car enfin, il faut en convenir, nous n'avons plus ni principes ni lois.

Qu'eſt-ce, en effet, qu'une légiſlation qui, faute de moyens pour punir les crimes, force, d'un inſtant à l'autre, le légiſlateur de recourir à des meſures violentes & ſpontanées, que le plus ſouvent dicte la paſſion du moment, & que, bientôt après, le calme de la réflexion maudit ?

Qu'eſt-ce qu'un dédale de lois, la plupart indigeſtes, ici modifiées, là interprétées, plus loin contrariées, ailleurs rapportées ; dédale inextricable ! dont l'homme aurait à peine le tems, dans l'eſpace d'une longue vie, de parcourir, le fil d'ARIANE à la main, les tortueux détours ?

Encore une fois, qu'eſt-ce qu'un déluge de lois, qui, accordant l'impunité aux vices & aux délits, par l'impuiſſance de les réprimer, en groſſit le torrent, & fait

(4) *Eſſai ſur le caractère, les mœurs & l'eſprit des femmes dans les différens ſiècles*, par THOMAS, page 28 de l'édition *in*-12 de Paris, 1772.

compter, pour ainsi dire, autant de coupables dans la société qu'il y a d'individus qui la composent? Et nous sommes en république!!!

Mais *Rome*, dites-vous, *Rome* elle-même est descendue plus d'une fois à cet état de dépravation morale & politique: oui, mais à quelle époque? jamais à l'aurore, encore moins au midi, pas même au couchant de sa liberté. Ces désordres ne se sont manifestés que sous les horreurs des deux triumvirats, & le despotisme dissolu des empereurs ne tarda pas à y mettre le comble.

« Alors, *dit un penseur de ce siècle* (5), les vices furent plus puissans que les lois. On ne s'occupa plus de conserver les mœurs, mais de punir les crimes; & quelquefois leur nature & leur nombre effrayant les tribunaux, il fallut, pour ainsi dire, que la loi se couvrît d'un voile, parce qu'il y aurait eu autant de danger que de honte à appercevoir tous les coupables ».

QUAND VERRONS-NOUS DONC ENFIN LE TERME SI DÉSIRÉ DE NOS MAUX!

Législateurs! DEMAIN, si, après ces tems de conspirations, de tyrannies & d'orages, vous mettez enfin aux lois tout le prix que la dépravation des mœurs & les circonstances exigent. Souvenez-vous de ce mot si vrai, n'importe qui l'ait proféré : *Les bonnes lois portent le pain à la bouche de l'affamé.* Peu sur-tout, mais qu'elles soient bonnes : c'est le moyen de refrapper,

(5) THOMAS, page 37 de l'ouvrage précité.

en quelque ſorte, cette monnaie nationale, l'*honneur*, qui a toujours ſi bien caractériſé le peuple *français*.

Un philoſophe, c'eſt, je crois, le célèbre RAYNAL (6), un philoſophe a écrit que ce ſerait le miracle d'une bonne légiſlation, d'aſſurer le bonheur de la génération future aux dépens de la félicité de la génération préſente. Nous ne voulons pas ici d'un ſemblable miracle. Placés, comme le fut jadis SOLON dans *Athènes*, au milieu des diſſentions civiles & du choc des partis, occupez-vous ſeulement, ainſi que ce ſage de la *grèce*, non des meilleures lois poſſibles, mais de celles qui conviennent le mieux au tempéramment, ou du-moins aux diſpoſitions actuelles des eſprits.

Inſtruits par l'expérience & par les malheurs des trois aſſemblées qui vous ont précédés, gardez-vous de la manie de ces lois de circonſtances, qui, ſe bornant à des intérêts de localités, ou à la répreſſion de déſordres partiels, livrent, depuis le crépuſcule de notre liberté, la maſſe du corps politique à la tempête des factions, à la merci du crime & aux fureurs de l'anarchie.

C'eſt dans la faibleſſe, dans l'incertitude & dans l'impuiſſance de cette légiſlation incomplète & *hachée*, que l'homme qui ſait juger les évènemens & les choſes, trouve la raiſon & tout-à-la-fois la cauſe de cette longue chaîne de forfaits qui ont enſanglanté le cours

(6) Dans ſon *Hiſtoire philoſophique & politique des établiſſemens & du commerce des Européens dans les deux Indes.*

de notre révolution. C'eſt ce fatras de lois de ci
tances, qui aigrit & qui fait encore fermenter,
moment, le levain de ces haines qui ſemblent ſe
pétuer parmi nous ; c'eſt lui qui excite de ces cla
qui *rétentiront* un jour *dans les échos de l'hiſtoire*,
me le tonnerre dans les montagnes (7).

Ce qui rend les lois variables, fautives, inc
quentes, dit le grand homme qui a rendu de ſi g
ſervices à la philoſophie, aux lettres & à la polit
c'eſt qu'elles ont été preſque toutes établies ſu
beſoins paſſagers, comme des remèdes appliqu
haſard, qui ont guéri un malade, & qui en on
d'autres (8).

Ecoutez encore, à cette occaſion, pères conſ
ce que l'éloquent DÉMOSTHÈNES diſait au peupl
ger & imprévoyant d'*Athènes*.

« Ne reſſemblez pas, *leur criait ce jeune ora*
» ne reſſemblez pas, ô Athéniens ! à ces athlètes
» bares qui, frappés dans un endroit, y porte
» main ; qui, frappés ailleurs, l'y portent encor
» qui, toujours occupés des coups qu'ils vienner
» recevoir, ne ſongent ni à parer ni à prévenir (9)

Conſeils du ſénat *français* ! vous ſaiſiſſez l'appl

(7) Expreſſions de BAILLY, *lettre ſur l'Atlandide de*
TON, page 289 & 290 de l'édit. *in*-8°. de Londres, 1779

(8) VOLTAIRE, *Eſſai ſur les mœurs*, édit. *in*-12 de K
tome 6, page 315.

(9) Voyez la première *Philippique* de DÉMOSTHÈN
traduite du grec en latin par le jéſuite JOUVENT, chiffre

tion ; ne la méritez pas. Nous avons un contrat ſocial; que liées à l'arbre conſtitutionnel , vos lois aillent donc toutes ſe r'attacher à ſes différens rameaux.

QUAND VERRONS-NOUS DONC ENFIN LE TERME SI DÉSIRÉ DE NOS MAUX !

Légiſlateurs ! JAMAIS ! tant qu'une horde de miſérables écrivains à gages, dont l'audace ſemble encore ſurpaſſer la baſſeſſe, calomniant les intentions du ſénat, inſultant à ſes décrets, vous traînant individuellement dans l'ignominie & dans la boue ; décourageant le peuple par l'affaibliſſement de nos ſuccès, comme par l'exagération de nos revers; cherchant inſidieuſement, mais envain, à ébranler , avec le courage du ſoldat, ſa fidélité à la cauſe de la liberté qu'il défend; tant que cette horde impie, aſſaſſinant l'opinion publique, évangéliſant la révolte, diſtillant par-tout le poiſon lent qui la dévore, continuera de jouir AVEC SÉCURITÉ, de l'horrible fruit de tant & de ſi abominables attentats.

Et qu'on ne vienne pas m'alléguer encore ici, pour éternelle excuſe, le prétexte bannal & vain de la liberté de la preſſe : on ne m'éblouit point avec l'appareil d'un phantôme. Je la veux auſſi, cette liberté de la preſſe; je la veux illimitée; je la veux à l'égal de celle de mon épée. Mais ſi j'en abuſe de mon épée, ſi j'en frappe mon frère ; ouvrez la loi : l'homme paſſionné peut bien compoſer avec ſes devoirs, mais la loi ne compoſe avec rien. Ouvrez-la, vous dis-je, & vous

l'entendrez prononcer à l'instant la peine due
imprudence ou à ma brutalité.

QUAND VERRONS-NOUS DONC ENFIN LE
SI DÉSIRÉ DE NOS MAUX !

DEMAIN, pères conscrits ! si, conciliant la
de la presse avec les intérêts de l'ordre & de l
quillité publics, le vil calomniateur trouve
sagesse de votre code pénal, la prompte appl
du juste châtiment qu'il mérite.

Quoi ! cet être moral & mal-faisant que le
re, qui prend tout à la lettre, fait règner er
dans le séjour fabuleux de la mort & des enfe
être aura inspiré jadis tant d'horreur à la *grèce*
pour le peindre, ses sages n'auront pas trouvé
pression plus forte que celle de calomniateur (*Δι*

Quoi ! déroulant, avec tous ses attributs, sur
l'ame affreuse du calomniateur, le divin APP
a bien pu, par la vérité magique de son pince
effrayant l'imagination, soulever le peuple d'*E*
& depuis toutes les générations humaines, co
monstre infernal de la calomnie (10) !

Quoi ! nous voyons chez presque toutes les
policées, la peine du *talion* décernée contre un
qui fait le tourment & le fléau de la société !

Quoi ! jusques-à nos portes, dans un état vo
nôtre, à *Génève*, il existe une loi qui ordonne

(10) Voyez, LUCIEN, seconde partie de ses Œ
traduction de PERROT d'ABLANCOURT, pag.
l'édit. in-4°.

délateur de se rendre en prison avec la personne qu'il accuse (12)!

Et chez nous, dans les commencemens toujours si difficiles, toujours si orageux d'une république naissante, nous souffririons qu'une nuée d'ARCHILOQUES enragés plongeât, avec impunité, dans le cœur de l'état, le poignard de ses *ïambes* ! ! !

QUAND VERRONS-NOUS DONC ENFIN LE TERME SI DÉSIRÉ DE NOS MAUX !

Législateurs! JAMAIS! tant que les malheurs interminables d'une guerre ruineuse, ne présenteront à des légions de vampires, que l'occasion & les moyens cachés de pomper la sueur & le sang des malheureux, de rançonner la nation, & de cumuler, à leur profit, avec les trésors, les domaines de l'état.

JAMAIS! tant qu'une foule d'*hommes nouveaux*, jetés & endormis, avant la révolution, sur la paille ou sur le fumier, se réveilleront, au scandale de la probité, sur le duvet de l'opulence.

Oui, tant que de milliers de misérables, tout dégouttans de crimes, de concussions & de rapines, insulteront par un luxe outrageant à la misère publique, nous verrons se prolonger & fuir devant nous le terme de nos maux.

Hé! qui ne s'indignerait point à la vue de tant de désordres? La vertu elle-même, si elle ne tenait pas à la rigueur des principes, nous la verrions, maudis-

(12) *Essai sur les mœurs*, tom. 4, pag. 291 de l'édition in-12 de *Kell*.

ſant le ſénat, blaſphémer, peut-être, le ſaint nom de la république. . . . .

QUAND VERRONS-NOUS DONC ENFIN LE TERME SI DÉSIRÉ DE NOS MAUX !

Légiſlateurs ! DEMAIN, ſi, ſimplifiant le jeu & les rouages de la machine politique, & mettant, par une bonne loi, dans toutes les parties de ſon adminiſtration, une ſévère économie à l'ordre du jour, vous oppoſez une digue aux débordemens de la dépenſe publique : ſi, ſaiſiſſant le brigand au collet, & le voleur la main dans le ſac, vous condamnez l'un à la rame, & clouez l'autre au pilori. Vous aurez alors ſatisfait aux intérêts de la juſtice, mais pas encore à ceux de la ſociété. Vous m'entendez : faites donc regorger aux agens infidèles de la république, les tréſors qu'ils lui ont volés, & aux ſangſues du peuple, toute la ſubſtance qu'ils lui ont pompée.

J'aime à revenir encore ſur l'exemple de SOLON ; & peut-être il ſerait difficile de nous arrêter ici à un meilleur modèle. Perſuadé que dans une démocratie, nul ne doit attendre de reſſource que de ſon travail, cet homme vertueux, cet habile politique avait chargé l'*aréopage* du ſoin de veiller, par des informations publiques, à la manière dont chaque citoyen gagnait ſa vie.

Cette penſée eſt ſage & profonde : les réſultats de ſon application feraient heureux dans la criſe où nous ſommes. Légiſlateurs ! ſaiſiſſez l'à-propos du moment; appropriez-vous-en l'eſprit de cette conception profonde; & qu'obéïssant au vœu d'une loi générale, chaque citoyen *français* vienne, sous l'œil sévère du *jury* de tous ses concitoyens, rendre compte de ses moyens passés & de sa fortune présente.

« On a souvent demandé, *dit le philosophe de » Ferney* (12), ce que deviennent tous ces trésors » prodigués pendant la guerre; & on a répondu qu'ils » sont ensévelis dans les coffres de deux ou trois mille » particuliers qui ont profité du malheur public. Ces » deux ou trois mille personnes jouissent en paix de » leurs fortunes immenses, dans le tems que le reste » des hommes est obligé de gémir sous de nouveaux » impôts, pour payer une partie des dettes nationales ».

Les exemples particuliers, en instruisant, ont encore l'avantage de venir à l'appui de la règle générale. Sous ce rapport, le fait suivant que nous garantit l'immortel auteur du *contrat-social*, ne sera point ici un hors-d'œuvre; écoutons.

« Le maréchal de VILLARS contait que dans une de ses campagnes, les excessives friponneries d'un entrepreneur de vivres ayant fait souffrir & murmurer l'armée, il le tança vertement & le menaça de le faire pendre. Cette menace ne me regarde pas, lui répondit hardiment le fripon, & je suis bien aise de vous dire qu'on ne pend point un homme qui DISPOSE DE CENT MILLE ÉCUS. Je ne sais comment cela se fit, ajoutait naïvement le maréchal, mais en effet il ne

(12) *Essai sur les mœurs*, tome 6, page 324 & 325 de l'édit. *in*-12 de *Kell*.

fut point pendu, quoiqu'il eut cent fois mérité de l'être (13) ».

Voilà le langage de l'expérience. Le tems est un grand maître ; oui, mais pour ceux seulement qui veulent ou qui savent étudier à son école : & si la philosophie, de concert avec l'histoire, ont bien voulu prendre le soin de nous transmettre le tableau des faiblesses, des fautes & des écarts de nos ayeux, ce n'est point pour que nous l'arrosions stupidement de larmes stériles ; mais c'est afin que, plus sages, nous puissions du-moins composer de la leçon du malheur des autres, les élémens de notre félicité commune.

QUAND VERRONS-NOUS DONC ENFIN LE TERME SI DÉSIRÉ DE NOS MAUX !

Sénateurs ! JAMAIS ! tant qu'avec des besoins pressans, & pas l'ombre de moyens pour les satisfaire, le créancier de l'état laissera, par intervalles, échapper ces murmures que la malveillance irrite, & que le royalisme aux aguets, feignant de s'appitoyer, s'efforce d'exaspérer jusqu'à la rage.

JAMAIS ! tant qu'aux prises avec la faim, & n'ayant dans la place qu'il occupe, d'autre perspective que celle d'un misérable réduit à l'hôpital, le fonctionnaire public trouvera, au tribunal de la nécessité, dans les motifs d'un mécontentement général & personnel, une sorte d'excuse à l'oubli & quelquefois même au

(13) *Discours sur l'origine & les fondemens de l'inégalité parmi les hommes*, page 260, note 14 de l'édit. *in*-8°. d'Amsterdam, 1755.

trafic

trafic le plus honteux de ſes obligations & de ſes devoirs.

QUAND VERRONS-NOUS DONC ENFIN LE TERME SI DÉSIRÉ DE NOS MAUX !

Sénateurs ! DEMAIN ! ſi, touchés de leurs longues ſouffrances, vous venez enfin au ſecours de la claſſe nombreuſe des créanciers de l'état ; de cette portion précieuſe de nos concitoyens, qui, la première peut-être, a treſſailli en entendant ſonner l'heure de la liberté. Comme elle s'empreſſa d'ériger par-tout des autels à cette divinité ! comme elle a, par l'aſcendant de l'exemple, de toute part évangéliſé ſon culte ! & par quels ſacrifices ne lui a-t-elle pas réitéré le tribut de ſon adoration & de ſes hommages ! Le comble du déſintéreſſement & de l'héroïſme ſerait-il donc payé par l'excès de l'ingratitude ? non; directoire *français* ! tu l'as dit :

Notre liberté s'avance appuyée ſur la juſtice & les lois ; la paix, la tranquillité, tous les biens de la vie l'accompagnent (14).

Oui certes ! le créancier de l'état entrera DEMAIN avec ſes frères, avec nous, dans le partage & la communion de tant de biens réunis, objet & terme de ſes vœux, de ſa patience & de ſes ſacrifices. Attiſé par le ſouffle de l'eſpérance, le feu ſacré du patriotiſme couve encore, il couve toujours dans ſon ame ; dégagez-le de la cendre du malheur, qui l'étouffe,

(14) Page 5 de l'*Inſtruction* précitée.

& aussitôt il reprendra cette activité qui honore déjà, dans l'histoire, les premiers élans du peuple *français* vers la conquête de sa liberté.

Sénateurs! DEMAIN! si, depuis le *directeur suprême* jusqu'au dernier des *guichetiers*, l'homme qui, dans les différentes parties de l'administration publique, porte plus ou moins *le poids du jour & de la chaleur*, trouve dans un modique salaire, le gage assuré de son existence. Oui, DEMAIN! si, sacré dans ses promesses, le *père de famille* fait donner, le soir, à *l'ouvrier* qui *travaille à sa vigne*, le *denier* ou du-moins la valeur représentative du *denier* convenu pour le prix de *la journée* (15). Il n'est que ce moyen, pères-conscrits! en écrasant avec le germe du vil égoïsme, celui de nos agitations & de nos haines, il n'est que ce moyen de r'attacher l'employé de l'état à ses occupations, le fonctionnaire public à ses devoirs, & tous les *français* à cet amour de l'ordre & de la paix dont nous avons un si pressant besoin.

QUAND VERRONS-NOUS DONC ENFIN LE TERME SI DÉSIRÉ DE NOS MAUX!

Législateurs! JAMAIS! tant que la fureur des *sobriquets* révolutionnaires conservera ce caractère d'épidémie, qui, aujourd'hui même encore, centuple ses ravages.

JAMAIS! tant que, dégradant le génie de la langue, on ne cessera d'en prostituer les signes à des dé-

(15) Voyez dans le chap. 20 de MATHIEU l'évangéliste, la *Parabole du père de famille*.

nominations, le plus souvent vagues, mais injurieuses; quelquefois vides de sens, mais perfidement atroces; presque toujours ridicules, mais odieuses & infamantes: dénominations que la passion invente, que la malveillance accueille, que la calomnie accrédite, que l'erreur & l'ignorance répètent, que la rage enlaidit encore, & que le *cannibalisme* heurle, avide de meurtres & de victimes, jusqu'à ce qu'épouvantée à la vue du carnage qui la *décime*, la société, frappant le monstre, étanche sa soif dans sa bave limoneuse, & noye ses fureurs dans l'écume impure de son sang.

Qui d'entre nous ne pâlit encore au souvenir des vociférations de MARAT; des blasphêmes de FOUQUIER-TINVILLE; des represailles de quelques représentans, que ni leurs persécutions ni le sentiment de leurs malheurs n'excusent pas; des malédictions de BILLAUD; des parties de chasse d'ANDRÉ-DUMONT, consignées en style *ultra-révolutionnaire*, dans sa volumineuse correspondance avec le sénat *conventionnel* (16); des noyades de CARRIER; du tocsin sonné

(16) Voici, entre mille, deux échantillons de cette correspondance; ils suffiront pour donner la mesure de la philosophie & des sentimens d'humanité de leur auteur.

« Soixante-quatorze prêtres, *écrivait-il au commencement de* » *septembre 1793*, sont en prison; ils ont été liés deux-à-deux, » les mains derrière le dos, & exposés ainsi aux huées du » peuple ».

« Trois choses, *écrivait-il encore sur la fin du même mois*, » trois choses désolent les aristocrates: le tribunal révolu- » tionnaire, la guillotine & le maratisme de *DUMONT* ». *horresco referens*. . . . .

contre les deux tiers de la nation alarmée, ſous le nom barbare de *jacobiniſme ;* des ſanglantes proſcriptions de DAMIEN-ROBESPIERRE ! ! ! ! ! !

Et qui pourrait même, ſans frémir, prononcer le mot *ſuſpect*, expreſſion dont l'idée ſemble aujourd'hui déshonorer la langue *françaiſe ;* mot qui, *affreuſément* ſanctifié par un décret (17), a couvert, à deux époques fameuſes, pendant le règne de la terreur, & ſous le ſceptre de la réaction qui dure encore, a couvert, dis-je, la *france* de larmes, de baſtilles, de ſang, de deuil & d'échaffauds !

QUAND VERRONS-NOUS DONC ENFIN LE TERME SI DÉSIRÉ DE NOS MAUX !

Légiſlateurs ! DEMAIN ! ſi, rendant aux mots leur ſignification primitive, & à notre dialecte toute ſa phyſionomie, nous ne voyons plus, à côté de nous, que ce qui exiſte réellement, que ce qui exiſtera toujours dans la ſociété, deux ſortes de citoyens, les *bons* & les *méchans.*

Les uns, amis de la concorde & des lois, cherchent à étendre par-tout la douce influence de leur empire. Les autres, & le nombre heureuſement en eſt très-petit ; les autres, fléau de la ſociété, ennemis audacieux de la contrainte ſalutaire des lois, ne vivant que de troubles & de déſordres, cherchent à inoculer de toute part le germe peſtilentiel de cet eſprit d'inquiétude & de révolte qui les domine.

---

(17) Voyez la loi du 17 ſeptembre 1793, art. 2 & 3.

Faites donc, pères-conſcrits ! vous le pouvez ; faites donc diſparaître ce torrent de noms odieux *qui n'ont pas même le ſens qu'on leur impute*, a dit un évêque conſtitutionnel (18), *& qui ne tendent qu'à inſpirer de l'averſion contre ceux à qui on les attribue*.

Oui, pères-conſcrits ! que ſanctionnée par votre exemple, une loi ſalutaire efface inceſſamment du dictionnaire des injures politiques, ce déluge de dénominations qui ont toujours fatigué l'oreille paiſible du vertueux citoyen, & que le peuple ne devrait plus entendre prononcer qu'avec dégoût ; de ces dénominations turbulentes, qui, fomentant nos diviſions, aiguiſent ſans ceſſe les poignards de la vengeance, & reculent ſans fin, l'époque de cette aſſiète de bonheur après laquelle nous aſpirons.

QUAND VERRONS-NOUS DONC ENFIN LE TERME SI DÉSIRÉ DE NOS MAUX !

Légiſlateurs ! JAMAIS ! tant que la peine de mort, outrageant les droits de la nature, ſouillera, au mépris des progrès de la raiſon, du cri de l'humanité & des lumières de la philoſophie, le code équivoque de notre légiſlation criminelle.

JAMAIS ! tant que la peine de mort, enhardiſſant d'ailleurs le ſcélérat au crime, ne lui préſentera, pour châtiment de ſes forfaits & de ſes attentats liberticides, que la ſimple privation de la vie.

Non, JAMAIS ! tant que, véhicule de l'audace, de

---

(18) *LOMÉNIE*, évêque du département de l'Yonne, dans ſon *mandement* du 16 février 1791, page 17.

la révolte & des complots, la peine de mort, semblable à la dent du serpent de CADMUS, fera jaillir des entrailles de la terre, des légions d'hommes armés pour nous détruire, &, comme dans la fable, s'entre-dévorer ensuite eux-mêmes.

QUAND VERRONS-NOUS DONC ENFIN LE TERME SI DÉSIRÉ DE NOS MAUX !

Sénateurs ! DEMAIN ! si, dociles à cette voix intérieure qui vous crie : *l'homme physique ne relève que de la nature*, vous cessez enfin, en rougissant, de vous arroger le droit horrible de vie & de mort sur la race de vos semblables.

DEMAIN ! si, le grand livre des passions humaines sous vos yeux, vous parvenez, pour asseoir les principes & le mode d'une bonne législation criminelle, à en saisir la théorie, le ton, les couleurs & les nuances. Oui, législateurs ! vous le devez, approfondissez bien, avec leur caractère fugace, le mobile caché & les mille & une formes sous lesquelles s'enveloppe & se déguise le levier toujours si puissant des passions humaines. Disséquez, par exemple, toutes les fibres, tous les ressorts de l'ame du conspirateur ; que puiserez-vous dans cette espèce d'anatomie ? cette grande, cette éternelle vérité morale : que la menace de la peine de mort n'est point une barrière, mais une sorte d'enhardissement à ces mouvemens séditieux, qui toujours troublent le repos, & quelquefois précipitent, avec fraças, la chûte des empires.

Ce ne ſont point ici de ſimples données hypothétiques, fruits ſtériles d'une imagination de cabinet. Baſée ſur la connaiſſance vraie des replis du cœur humain, cette opinion eſt encore garantie par le ſouvenir & la tradition de tout ce qui s'eſt paſſé chez les différentes nations, par l'expérience & la leçon des ſiècles, par le tableau même des crimes qui ſaliſſent & déshonorent, chez nous, la terre vierge de la liberté.

Depuis ces tems reculés, qui ſe perdent dans la nuit des premiers âges du monde, juſqu'à nos jours où la mort en faction, monte la garde à nos portes, quel bien a produit au genre humain policé cette affreuſe & longue permanence ?

Vous avez fait cheoir, par milliers, la tête des factieux ſous le glaive de la loi : ah ! dites plutôt, barbares ! ſous ſon *fer homicide*. . . . . . Mais, répondez : avez-vous fait cheoir auſſi ſous ſon tranchant ces nombreuſes phalanges de paſſions qui conſpirent? non: différent de l'eſpèce, l'individu qui conſpire, a l'ame tout autrement trempée : riſquant de perdre à chaque inſtant la vie, il ſait braver la mort. Mais ſon courage farouche ne braverait pas de même le ſupplice lent & amer de l'ignominie. Qu'il vive donc ; que plongé & retenu par le bras de la juſtice, dans le fleuve bouillonnant de l'infamie publique, ſon exemple du-moins effraie, en l'arrêtant, l'audace du crime, & que ſon génie enchaîné ne vienne plus troubler la paix du monde.

QUAND VERRONS-NOUS DONC ENFIN LE TERME SI DÉSIRÉ DE NOS MAUX !

Directoire ! JAMAIS ! tant que le peuple, avec le besoin du repos, & toi, avec le désir, sans doute, de le lui procurer, tu ne lui en offriras néanmoins que la perspective & l'ombre, & qu'il t'en demandera, lui, la jouissance & la réalité.

JAMAIS ! tant que nous ne verrons dans tes efforts pour le bien, que l'impuissance de le réaliser ; tant que greffée sur l'inexécution des lois, cette impuissance qui les flétrit encore du cachet du mépris, fera germer dans tous les cœurs une insouciance funeste, alimentera l'audace de l'anarchie, doublera l'espoir du *royalisme*, & broyera, avec leur confiance dans la sagesse énergique de tes opérations, le courage de ces *hommes austères & probes*, de ces *patriotes ardens & prononcés*, *dont l'ame républicaine a*, comme tu l'as dit (19), *la trempe & la dureté de l'acier.*

Gouvernans ! JAMAIS ! tant que, par le spectacle des faiblesses punies & des grands crimes heureux, la *france* ne nous présentera, comme le reste de la terre, qu'une vaste scène de brigandages, abandonnée à la fortune. C'est sous ce rapport affligeant que les annales du monde, suivant la pensée d'un écrivain célèbre (20), présentent, en effet, la scène de l'univers aux

(19) Page 6 de l'*Instruction* précitée, du *12 frimaire*, *an 4*.

(20) *VOLTAIRE*, *Essai sur les mœurs ;* tom. 6, page 169, de l'édition précitée.

réflexions de l'homme qui a le tems ou le courage de les parcourir.

Non, directoire ! JAMAIS ! tant qu'ouvert sur tous les délits qui troublent l'harmonie de la société, l'œil impartial de la loi en désignera les auteurs & les complices; mais tant que son glaive, planant au gré des passions, ne frappera, dans les instrumens du crime, que des SÉÏDES égarés, & que le plus souvent même, détourné de dessus la tête du *coupable*, il ne fera cheoir que celle de l'*innocent*. Le gouvernement, directoire!

Il tombe, quand pour base il n'a plus la justice (21).

JAMAIS ! tant que, conspué, honni, vilipendé, le nom de *citoyen*, ce nom que les vainqueurs du monde, les *romains*, portaient avec orgueil ; que, sous la pourpre & sur la chaise curule, le sénateur ne prononçait qu'avec l'accent du respect; ce nom qui dans son acception complète seul un éloge ; ce nom jadis & toujours si cher au cœur comme à l'oreille du *sage* amant de la liberté; tant que ce nom saint & sacré n'excitera plus parmi nous que le rire amer du dédain, ou le mépris cynique de l'insultante pitié.

QUAND VERRONS-NOUS DONC ENFIN LE TERME SI DÉSIRÉ DE NOS MAUX !

Directoire ! DEMAIN ! si, saisissant d'un bras ferme & hardi les rênes du gouvernement ; si, imprimant

---

(21) *VORCESTRE* dans la tragédie d'*ÉDOUARD*, par *GRESSET*, acte 1er. scène 6e.

à toutes ses parties le mouvement & la vie, tu fais naître sur tous les points du sol encore mouvant de l'*égalité*, à côté des ronces flétries de l'inquiétude, les roses de l'espérance & les fruits du bonheur.

DEMAIN ! si, faisant substituer par-tout l'action calme & salutaire de la justice à l'ouragan désastreux de l'arbitraire & des passions; l'exécution & l'impartialité de la loi à son silence, &, ce qui est plus précieux encore, à la partialité de ses mesures, tu rends enfin à l'état cette force constante qu'il ne tient nulle part que de l'empire absolu de la loi.

Hé bien, qu'elle cesse donc, la loi, de nous offrir plus long-tems la scandaleuse image de la *toile d'araignée de SOLON* (22). Égale pour tous, *soit qu'elle protège, soit qu'elle punisse* (23), & forte assez contre les tentatives du faible, qu'elle oppose donc aussi aux efforts criminels de l'homme puissant la résistance du *cable*.

Directoire ! DEMAIN ! si, rayant du vocabulaire de tes bureaux, toutes ces qualifications ronflantes que la bêtise & la bassesse prodiguaient & prodiguent encore à l'oreille basse de la sottise & de la vanité, pour ne consacrer que celle de *citoyen*, tu frappes les unes

---

(22) « Les lois, *disait communément ce grand homme*, ressem» blent aux toiles d'araignées, qui n'arrêtent que les mou» ches; parce qu'il n'y a que les petits qu'on punisse, & que » les grands se sauvent par leur crédit ». *Dictionnaire historique* de MORÉRI, au mot SOLON.

(23) *Déclaration des droits de l'homme & du citoyen*, art. III.

du mépris de l'oubli, & tu rends à l'autre toute la vénération d'un peuple vertueux & libre.

QUAND VERRONS-NOUS DONC ENFIN LE TERME SI DÉSIRÉ DE NOS MAUX !

Directoire ! JAMAIS ! tant que, séduit & trompé, tu ne jetteras, près de toi, sur le tillac du vaisseau de l'état, au lieu de bons matelots, qu'un ramas de mousses ou plutôt de goujats qui, n'entendant rien à la manœuvre, ajoutent encore à la tourmente, & font craindre au pilote effrayé les dangers du naufrage.

Parlons sans figure. Non JAMAIS, directoire ! nous ne toucherons au terme prolongé de nos maux, tant que, contre tes intentions sans doute, l'ambitieuse nullité, l'ignorance, le masque du patriotisme, la paresse, la crapule & l'intrigue l'emporteront, dans la balance de ton choix, sur le savoir & les talens modestes, sur la sagesse des mœurs & le désir désintéressé du bien public, sur l'amour du travail & de la probité républicaine (24).

QUAND VERRONS-NOUS DONC ENFIN LE TERME SI DÉSIRÉ DE NOS MAUX !

Directoire ! DEMAIN ! si, *entre* tes *agens & toi*, *entre la tête qui conçoit & les bras qui exécutent, s'établit*, à ton gré, *cet ensemble, ce concert qui peuvent seuls faire marcher la machine immense du gouvernement* (25).

---

(24) Je trace ici un tableau général, mais certes ! l'application ne l'est pas. Le directoire a fait beaucoup de choix excellens, heureux : désirer qu'ils le soient tous, serait-ce donc la chose impossible ?

(25) *Instruction* précitée du *Directoire*, page 2.

Il s'établira ce concert, il s'établira DEMAIN, ſi, au lieu d'être gauches, atrophiés, débiles, paralytiques ou gangrenés, tes bras ſains, & vigoureux, ſont encore adroits & aiſés dans tous leurs mouvemens.

DEMAIN! ſi, laiſſant l'étalage pompeux de leurs paroles, pour n'apprécier les hommes qu'au *titre* de leurs actions; ſi, ne donnant ta confiance qu'au ſavoir & à la vertu qui la méritent, & chaſſant de la ruche cette nuée de frélons affamés qui pillent & dévorent les tréſors de l'abeille induſtrieuſe, tu éloignes des places à ta nomination, avec tous les charlatans en patriotiſme, quelque ſoit leur date, ces empyriques révolutionnaires qui, les mots de peuple & de patrie ſur les lèvres, ne ſacrifient qu'à l'hydre de leurs paſſions & de leurs intérêts.

Tu as dit vrai, LALLY! « le peuple importe peu » à tous les prétendus défenſeurs du peuple; la ſoif » des richeſſes, de la célébrité, de la domination eſt » ce qui les tourmente & ce qui les inſpire. Pour eux, » le peuple eſt tour-à-tour, inſtrument & victime. » Non, quoiqu'ils puiſſent dire, je ne croirai jamais » qu'on ſonge à ſervir ceux qu'on s'épuiſe à corrom- » pre, ni qu'on s'occupe ſérieuſement à rendre heu- » reux ceux qu'on s'eſt fait un jeu de rendre crimi- » nels (26) ».

Quel affreux contraſte, LALLY! entre tes paroles

(26) *Mémoire* du ci-devant *comte de LALLY-TOLENDAL*, *ou ſeconde lettre à ſes commettans*, in-8°. ſous la date de janvier 1790, page 14.

& ta conduite ! parler ſi bien, agir ſi mal ! c'eſt au milieu de ces penſées que déjà tu méditais le plan de ton émigration, infâme ! ! !

QUAND VERRONS-NOUS DONC ENFIN LE TERME SI DÉSIRÉ DE NOS MAUX !

Directoire ! JAMAIS ! tant que, placé entre deux écueils, le fonctionnaire public, découragé, incertain, épouvanté, n'ayant dans le poſte qu'il occupe, que le choix du naufrage, ne verra, pour récompenſe de ſon zèle à remplir ſes devoirs, ou pour prix de ſon audace à les enfreindre, que le coup de fouet de la vengeance, l'opprobre, la haine & le mépris de ſes concitoyens

JAMAIS ! tant que, l'évangile de la conſtitution à la main, ſes préceptes à la bouche, le feu du patriotiſme dans l'ame, loin de faire des proſélytes à la république & à la concorde, le *bon citoyen*, gémiſſant au contraire de voir les *tables de la loi* l'objet des riſées brutales d'une multitude ſacrilège, ſentira groſſir encore & crèver ſur ſa tête le tréſor des haines & des vengeances; tant que, lâchement confondu par la calomnie avec les conſpirateurs & les ennemis de l'état, il ne recevra, pour prix de ſon dévouement civique, que l'infamie du banniſſement, la gêne des fers ou le ſupplice de la mort.

Ah ! quelle application *malheureuſement plus heureuſe* à ce qui ſe paſſe dans mon pays, depuis la révolution tardive du 9 *thermidor*, que celle de ces paroles prophétiques d'un ſage !

« Certaines légiflations introduifent & nourriffent » des paffions & des opinions *enivrantes & furieufes ;* » & quand on a donné ces maladies aux peuples, on » ne fait d'autres remèdes que la mort & les fuppli- » ces (27) ».

JAMAIS! tant qu'aux prifes avec le PROTÉE *contre-révolutionnaire*, & que, luttant feul & corps à corps contre ce nouveau BRIARÉE, ce fils infâme du royalifme & de l'anarchie, le génie de la liberté ne nous verra plus, groffiffant fes phalanges n'aguères victorieufes, marcher tous au pas de charge fous fes bannières patriotiques, & lui difputer, dans le combat inégal contre la puiffance du crime, la gloire & les dangers.

Directoire *français!* je t'en conjure, écoute; au nom de ma patrie dont le falut t'eft confié; au nom de tes propres intérêts, écoute donc, ô écoute:

« Dans l'intérieur, l'incertitude des lois & les chocs » de la liberté, ouvraient la porte à des tyrans. Le » droit de commander était alors le droit d'abufer » de tout. Le citoyen ne favait plus ce qu'il avait ni » à craindre, ni à efpérer, ni à fouffrir. Delà les » réfiftances & les complots. Delà les trames fecret- » tes, & les femmes admifes à la vengeance, parce » que les maux s'étendaient jufqu'à elles, & que fou- » vent elles avaient à perdre plus que la vie. Alors » les deux fexes fe montraient au même ton; & le

---

(27) *RAYNAL, hift. philofophiq. & politiq.* &c. tom. 1er.; page 365 de l'édition in-8°. de 1775.

» courage était extrême, parce que la crainte l'é-
» tait (28) ».

Le vil sentiment de la peur ne désorganise point mon être. Je ne suis point le chantre de *Tibur* & de *Tivoli*, mais comme lui, je verrais sans effroi s'appésantir sur ma tête les ruines de l'univers, *impavidum ferient ruinæ* (29). Je ne suis point un alarmiste ; mais il est aux désordres moraux comme au mal physique, un terme fatal au-delà duquel tout rentre dans la nuit du cahos. Hé ! ce n'est que pour ma patrie, que pour mon infortunée patrie ! que l'image sanglante du tableau que nous venons de parcourir, m'afflige & m'épouvante. Oui, je tremble, tout me fait craindre de la voir, cette malheureuse patrie ! rétrograder, couverte de fange, de sang & de lambeaux, vers cet enfer de maux & de crimes qui ont marqué l'époque reculée de la formation des empires & de la civilisation du genre humain.

QUAND VERRONS-NOUS DONC ENFIN LE TERME SI DÉSIRÉ DE NOS MAUX !

Directoire ! DEMAIN ! si, protégé par le gouvernement qu'il protège lui-même ; si, encouragé par son estime bien plus que par son or ; si, à couvert sous l'égide de la loi, des persécutions de la loi, le fonctionnaire public, aussi ferme qu'un roc, s'enorgueillit de trouver la récompense de ses travaux & de ses veilles dans l'accomplissement strict de ses devoirs.

---

(28) THOMAS dans l'*Essai* précité *sur les femmes*, page 18.

(29) *Ode* 3 du liv. 3me. des *Odes* d'HORACE.

DEMAIN ! si ces fiers républicains qui, ne voyant la source de leur bonheur que dans le complément de la félicité publique, sacrifient tout pour en accélérer l'heureux instant ; si ces chauds mais *sages* patriotes qui se sont disputé la gloire de poser chacun leur pierre dans le grand édifice de la révolution ; si tous ces hommes vertueux, distingués de la foule par l'œil rémunérateur du gouvernement, ne reçoivent plus, au lieu de l'insulte & du mépris, que les témoignages mérités de la reconnaissance publique & les bénédictions de leurs concitoyens.

Directoire *français* ! écoute & retiens encore ici la leçon de l'un de nos penseurs modernes, dont j'aime à faire revivre dans mes pages l'éloquence & les paroles :

« C'est, *dit-il*, le caractère surtout qui gouverne ; » c'est la vigueur de l'ame qui donne du ressort à » l'esprit, qui affermit & qui étend les idées politi- » ques : mais le caractère ne peut presque jamais être » formé que par de grands mouvemens, de grandes » espérances ou de grandes craintes, & le besoin de » se déployer sans cesse en agissant (30) ».

Si cette maxime est du domaine des vérités politiques, directoire ! quelle position plus heureuse que la tienne, pour enfanter des miracles, & réduire toute en *œuvres* cette *foi patriotique* dont le sentiment bien

(30) THOMAS, toujours dans son *Essai sur les femmes*, pag. 122.

prononcé

prononcé t'a dévolu la garde & la conduite du vaisseau de l'état ?

En te plaçant au poste de l'honneur & du péril, tu as dit à la *france* : « Pour écraser le royalisme » & l'anarchie ; pour détruire l'agiotage; pour rendre » à la nation sa physionomie, à la révolution sa moralité ; pour rappeler la confiance & ramener l'abondance ; pour éteindre le volcan de la *Vendée* ; pour » terminer cette guerre funeste qui menace de dépeupler l'*Europe* ; une seule chose suffit, C'EST DE LE » VOULOIR SINCÈREMENT, FORTEMENT, UNIQUEMENT (31) ».

Et cependant, c'est avec l'attrition de la douleur, que je vois toujours la même tâche à remplir ! Nous sommes encore, directoire ! au point du départ ; & si le volcan de la *Vendée* est éteint, sur ses cendres fumantes bouillonne plusque jamais le bitume de nos dissentions civiles.

O magnanime ALZONDE ! par quel affreux mélange & de crainte & d'espoir tu viens rasséréner & troubler mon imagination encore émue ! Le peuple, *dis-tu*,

Le peuple impunément n'est jamais outragé ;
Il murmure aujourd'hui, demain il est vengé (32) !

Ah ! directoire ! las d'outrages, fatigués de murmures, rassasiés de vengeances, comme toi, nous avons tous

---

(31) Page 2 de l'*Instruction* déjà citée, *du 12 frimaire, an 4*.

(32) *Tragédie* d'*EDOUARD*, act. 1er. scène 1re.

foif du bonheur. Ne pouvant la mefurer de l'œil, couvre-là de la penfée, toute l'étendue de tes devoirs, & tu vas nous y défaltérer avec toi, à la fource du bonheur; mais pour cela, moins puiffant que l'expreffion de la volonté du fouverain,

> Captive *ta* grandeur fous le joug de la loi :
> *Tu* commandes fans peur, & la chofe publique
> Jouit paifiblement d'un état pacifique (33).

QUAND VERRONS-NOUS DONC ENFIN LE TERME SI DÉSIRÉ DE NOS MAUX !

Directoire, JAMAIS ! tant que, circonfcrite ou plutôt inhumée dans les feuilles de la loi, l'inftruction publique n'aura d'exiftence qu'en projet: tant que, retenu *fous le boiffeau*, *le chandelier* des lumières nationales, condamnant par fon abfence la génération qui s'élève aux ténèbres de l'ignorance, reculera encore, au milieu d'un peuple corrompu, avec le règne des mœurs, l'oubli déjà trop-long de toutes les vertus.

Directoire ! c'eft l'inftruction qui fait prendre racine à la morale. Et s'il eft vrai, comme on l'a dit, qu'en fait de lumière, on perd lorfqu'on ne gagne plus (34); s'il eft vrai que l'ame eft un feu qu'il faut nourrir, & qui s'éteint s'il n'augmente : cette vérité trouve auffi fon application dans le développement progreffif de la morale publique. Sans la culture & les rofées de

---

(33) *SALUSTE DU BARTAS*, 2me. jour de la 1re. femaine.

(34) *BAILLY*. *lettres fur l'Atlandide de PLATON*, pag. 187 de l'édit. précitée.

l'instruction, ses racines se dessèchent, &, tout gercé lui-même, l'arbre des mœurs périt.

Oui, directoire! ce que l'un de nos poëtes vient d'écrire au vieux prêtre de *Rome*, j'aime mieux te le dire, à toi; tu m'écouteras du-moins:

N'attendez rien de bien de la stupidité;
L'ignorance conduit à la férocité (35).

QUAND VERRONS-NOUS DONC ENFIN LE TERME SI DÉSIRÉ DE NOS MAUX!

Directoire, DEMAIN! si, relevant sur leurs ais brisés les chaires de l'enseignement public, tu procures du-moins au maître impatient d'instruire des élèves à former.

DEMAIN! si, perçant le nuage épais qui les éclypse, & reprenant par-tout leur influence & leur empire, les sciences & les arts, écrasant de leur sceptre la tête du *vandalisme*, viennent nous consoler enfin des ravages de six années de ténèbres (36).

---

(35) *Epître au pape.*

(36) Mon intention n'est pas de faire ici une satyre ridicule & déplacée. Quand je parle de *six années de ténèbres*, on me comprend. Je n'aurais pas l'impudeur d'avoir en vue la génération *adulte*. Qui ne sait pas qu'il n'est point de siècle où la science du droit des gens & la saine politique, sans parler de l'art affreux de la guerre, aient autant reculé, que dans ce court espace de tems, l'étendue de leurs limites? Ces *ténèbres* ne peuvent donc s'entendre que relativement à la génération *naissante*, qui, depuis l'époque de notre révolution, n'a pas, en effet, reçu l'ombre de principes & d'instruction. C'est une lacune qu'il est instant & peut-être même déjà trop tard de chercher à remplir.

L'entends-tu, directoire ! la génération naissante qui s'écrie : ô nos pères ! DEMAIN nous le verrons avec vous le terme de vos maux, si, nous remettant par une bonne éducation sociale, le nombre de vos idées acquises, vous nous inspirez le goût & le désir de les étendre par le travail.

Unique espoir de la patrie, ô enfans toujours chéris ! eh bien oui, vous serez satisfaits. Par les droits de la nature & du sang, vos pères vous sont comptables des fonds de leurs lumières : ils vont vous les remettre ; faites-les valoir ; aggrandissez-les par le travail & les années : devenez plus riches que vos ancêtres, & que vos descendans le soient encore plus que vous.

Prémunie de bonne-heure contre les myriades de sotises de la superstition stupide ; en garde contre les pièges du sanglant fanatisme, pénètre-toi bien, ô génération naissante ! des grands principes de l'honneur & de la probité. Elève sur-tout dans ton cœur des autels à cet esprit tutélaire de tolérance religieuse, qui assure, avec la paix des familles, le repos de la société. Ah ! loin, à jamais loin de toi

l'affreuse politique
Qui prétend sur les cœurs un pouvoir despotique ;
Qui veut, le fer en main, convertir les mortels ;
Qui du sang hérétique arrose les autels,
Et, suivant un faux zèle ou l'intérêt pour guides,
Ne sert un *Dieu de paix* que par des *homicides* (37).

---

(37) La *Henriade*, chant 2.

QUAND VERRONS-NOUS DONC ENFIN LE TERME SI DÉSIRÉ DE NOS MAUX !

Ministère, JAMAIS ! si, fidèle à la morale corrompue des cours, tu pouvais, comme les lâches & bas valets des rois, étouffant sans pudeur la voix du remords, & flattant les caprices des *gouvernans*, les jeter hors de la ligne étroite de leurs devoirs, & foulant aux pieds la foi des sermens, leur applanir encore le chemin du déshonneur & du crime.

Près de leurs passions rien ne me fut sacré :
De mesure & de poids je changeais à leur gré.
Autant que de *JOAD* l'inflexible rudesse
De leur superbe oreille effrayait la mollesse,
Autant je les charmais par ma dextérité,
Dérobant à leurs yeux la triste vérité,
Prêtant à leurs fureurs des couleurs favorables,
Et prodigue sur-tout du sang des misérables (38).

Voilà l'horrible aveu que faisait tout bas à l'oreille d'un infâme, son digne confident, le *prêtre*, l'exécrable *prêtre MATHAN*. Le précepte est affreux ; l'exemple est plus abominable encore. En exécrant l'un, ministère *français* ! tu sauras éviter l'autre. Mais ce n'est point assez pour mettre fin à nos longues souffrances.

JAMAIS nous n'en verrons le terme, si l'objet saint de ta mission, devenu comme autrefois, dans la fange des cours, celui d'avides spéculations, n'était plus pour chacun des élémens qui te composent, que

(38) *ATHALIE*, *tragédie de RACINE*, act. 3. scène 3e.

le marche-pied de la fortune & des honneurs. Ministère *français* ! prends-y garde ; c'est aussi la soif de l'or & des grandeurs qui a éveillé le désir & le besoin du crime dans le cœur du perfide conseiller de JOSABET, du vil *prêtre* de Baal.

Ministres, JAMAIS ! si, abusant de cette portion d'autorité que la patrie vous a confiée pour un meilleur usage; si, trahissant les vues paternelles d'un gouvernement qui ne demande, qui ne veut que le bien; si, transfuges de l'honneur & de la probité, au lieu d'être les protecteurs du peuple, vous en deveniez, orgueilleux visirs ! les oppresseurs & les bourreaux. Stupides ! ah ! qu'avez-vous fait...! La couronne civique vous attendait : encore quelques instans, peut-être, & vos fronts chargés des bénédictions de vingt millions d'hommes, allaient être ombragés du chêne de la reconnaissance publique. Misérables ! vous avez outragé la majesté du peuple : he-bien, c'est sa hache, la hache de la mort, qui va frapper vos têtes coupables, blanchies déjà dans le crime & dans l'opprobre. Qu'ils apprennent par votre châtiment, les lâches qui seraient tentés d'imiter votre exemple, qu'ils apprennent

> Qu'ici le despotisme est une tyrannie,
> Et que tout est vertu pour venger la patrie (39).

Ministère, JAMAIS ! tant qu'ouverts à deux battans aux flots des sollicitations intéressées, injustes de

---

(39) *VORCESTRE* dans *EDOUARD*, act. 1er. scène 6e.

l'homme puissant & pervers, tes salons dorés seront fermés à l'humble prière du pauvre, du vertueux plébéïen qui n'a d'appui que dans la justice de sa cause.

Ministère, JAMAIS ! si, contraint de partager le poids de ta surveillance & de tes travaux, tu en confies, trompé dans ton choix, les détails à une cohue d'hommes ineptes, douteux, inquiets, intrigans, quelquefois même tes ennemis & les assassins de leur pays. Les cruels ! vois donc comme en compromettant ta responsabilité, ils mettent encore la chose publique en danger !

Ministère, JAMAIS ! si, découvrant un conspirateur dans un homme en place, dans l'un de tes amis, ou dans la personne de l'un de tes parens ; les considérations d'une fausse grandeur, les liens du sang, ou les nœuds de l'amitié l'emportaient dans ton ame avilie sur le salut du peuple. Sous peine d'infamie, ose avoir le courage de dénoncer le traître à la vengeance des lois. Placé en vedette, au poste de l'observation & de la surveillance, sur les hauteurs de la révolution, tu réponds à la patrie des périls de la patrie. Donne donc le premier le signal du danger, ou, je te vois frappé toi-même de l'anathême du parjure & de la complicité :

> Qui peut taire un complot, lui-même en est coupable (40).

---

(40) *VOLFAX* dans *EDOUARD*, act. 2, scène 6me.

QUAND VERRONS-NOUS DONC ENFIN LE TERME SI DÉSIRÉ DE NOS MAUX !

Miniſtère, DEMAIN ! ſi, appelé au ſecours d'un gouvernement naiſſant, tu ſacrifies tout pour en hâter l'accroiſſement, la marche & la maturité ; ſi, ſecondant les vues vaſtes & l'action accélératrice du directoire, l'œil du républicaniſme attaché ſur l'enſemble de ſes opérations, le réverbère de la vérité d'une main, de l'autre, les verges de la loi ; ſi, luttant avec lui contre la tempête & les orages, tu l'aides de tous tes moyens à conduire au port le vaiſſeau chargé des eſpérances de l'état. L'entrepriſe eſt difficile, ſans-doute, & la tâche périlleuſe : pour en venir à bout, pénètre-toi bien de cette grande vérité, qu'une ſeule choſe ſuffit, c'eſt de le vouloir *ſincèrement*, *fortement*, *uniquement*. Un eſprit médiocre, du bon ſens & de la fortune, voilà ſouvent de quoi faire un puiſſant miniſtre ; mais pour qu'il ſoit bon, ce miniſtre, « il faut, dit l'hiſtorien du *ſiècle de Louis XIV* (41), il faut qu'il ait pour paſſion dominante l'amour du bien public. Le grand homme d'état, eſt celui dont il reſte de grands monumens utiles à la patrie ». Miniſtère, quel plus beau monument que celui de ſon bonheur !

Miniſtres, DEMAIN ! ſi, ne voyant dans la place où vous êtes, que l'obligation de la mériter, en juſtifiant par des vertus le choix qui vous y a portés, vous avez le courage, vous oubliant vous-mêmes, de rejetter le

(41) Pag. 38 du tom. 2 édition de *Kell.*

soin de vos intérêts derrière les intérêts de la chose publique ; si, réfléchissant qu'élevés en ce moment sur l'aîle mobile de la fortune, dans une heure peut-être, l'inconstante déesse vous écrasera sous les janthes de sa roue, vous profitez de l'instant qui vous échappe, &, vous livrant sans réserve au besoin de l'homme vertueux, au plaisir de faire le bien, vous placez à de gros intérêts un fonds inaltérable dans la mémoire de vos contemporains & dans le souvenir reconnaissant de la postérité. Ministres !

Ce n'est point dans des noms que réside l'honneur,
Et nos devoirs remplis font seuls notre grandeur (42).

Oui, ministres, DEMAIN ! si, fermes & constans dans la ligne de vos obligations ; si, fidèles sur-tout à la cause du peuple, vous ne veillez que pour en défendre les droits.

DEMAIN ! si, ennemis de l'orgueil qui *fait signe que l'on recule*, vous donnez, amis de l'égalité, un libre accès près de vous à tous ceux que la justice ou la nécessité y amène.

DEMAIN ! si, trouvant en vous des consolateurs & des pères, la veuve désolée & l'orphelin sans appui, bénissant vos noms chéris, ne font entendre, sous leur toit solitaire, que l'heureux cantique de vos louanges :

Du sort des malheureux adoucir la rigueur,
C'est de l'autorité le droit le plus flatteur (43).

Ministère, DEMAIN ! si, lui arrachant papier, plu-

(42) *VORCESTRE* dans *EDOUARD*, act. 1er. scène 6e.
(43) *ALZONDE* dans *EDOUARD*, act. 1er. scène 2me.

mes & encre, tu chaſſes encore d'auprès de toi tout ce qui, ne voulant pas aller dans le ſens du gouvernement, ne peut qu'en entraver la marche : ſi, en un mot, paſſés au crible des mœurs, des lumières & du patriotiſme, les élèmens qui compoſent tes bureaux, dégagés de tout alliage inutile, hétérogène ou impur, concourent avec toi, avec le directoire, avec les autorités conſtituées, avec nous, à l'affermiſſement du bonheur public.

Miniſtère, DEMAIN! ſi, guidé par l'œil de la ſurveillance, ton génie actif fait rompre, même avant qu'elle ſoit ourdie, la trame des complots. Le conſpirateur ſiège au ſénat : dénonce-le. Il commande aux armées : dénonce-le encore. Il balance, au directoire, dans le palais national, les deſtinées de l'empire : le monſtre !!! hâte-toi de le dénoncer. Mais le conſpirateur, c'eſt un des élèmens mêmes de ton organiſation : il en eſt l'opprobre, dénonce-le. C'eſt un de tes amis; l'amitié d'un traître eſt une infamie, dénonce-le. Il touche au miniſtère par les liens du ſang : eh quoi! ton ſang, il va faire ruiſſeler le ſang de la patrie, & tu balancerais! dénonce-le, ou, chargé du poids de la malédiction de tes concitoyens, tu recules, avec l'époque ſi déſirée de l'affermiſſement de la république, la jouiſſance des biens qu'elle nous promet.

QUAND VERRONS-NOUS DONC ENFIN LE TERME SI DÉSIRÉ DE NOS MAUX!

Commiſſaires, agens du pouvoir exécutif, JAMAIS!

tant que, rivalisant de haine & d'autorité avec les compagnons de vos travaux, les *élus du peuple*, vous ne nous offrirez, au lieu d'un concert unanime d'opérations & de volontés toutes dirigées vers le bien, que le spectacle déchirant d'une lutte scandaleuse d'opinions insensées & de prétentions plus insensées encore.

JAMAIS! tant que, las, mais non rassasiés de discordes, vous irriterez toujours le chancre de nos divisions intestines : tant qu'au milieu de la *france*, au sein de ma patrie déchirée, au centre comme aux extrémités d'une seule & même nation, il existera deux peuples dont, par la contagion de l'exemple, vous éterniserez les haines ; deux peuples, ennemis plus acharnés l'un contre l'autre, que ne le furent autrefois dans la fable, par le courroux des dieux, *ETÉOCLE* & *POLYNICE*, race déplorable de l'incestueux *ŒDIPE*.

JAMAIS! tant que, sur les banquettes des autorités constituées, vous ne voudrez voir siégeans, à côté de vous, sous l'*olivier* du juge de paix, sous le *faisceau* du correctionnel, sous le *sautoir* de l'administrateur, sous la *hache* du criminatiste, sous l'*écharpe* du municipal, & sous l'*œil argenté* du juge civil, que des hommes dont vous croirez devoir suspecter & les intentions & le civisme : tant qu'après avoir aigri ces fonctionnaires publics par d'injurieuses, d'éternelles défiances, & peut-être aussi par l'âpreté de votre fougeux patriotisme, vous ne voudrez voir en eux, à travers le prisme de vos passions, que vos ennemis personnels, que des contre-révolutionnaires qui, regrettant la rouille du vieux régime, abhorrent, avec la république, les lois qui l'ont fondée.

QUAND VERRONS-NOUS DONC ENFIN LE TERME SI DÉSIRÉ DE NOS MAUX !

Commiſſaires, agens du pouvoir exécutif, DEMAIN ! ſi, paſſant l'éponge ſur vos injures perſonnelles, pour ne venger, au nom de la loi, que celles qu'on pourrait faire au peuple ; ſi, étouffant, avec vos prétentions oiſeuſes & ridicules, le cri de vos petites jalouſies, pour n'entendre que la voix tonnante de vos devoirs; & ſi, formant avec les autorités près deſquelles la loi vous a placés, une ſainte confédération, vous ne connaiſſez plus déſormais d'autre rivalité que celle du bien.

DEMAIN ! ſi, élevant par-tout des temples à la concorde, vous appliquez les premiers l'*eſcarrotique* de l'exemple ſur la lèpre hideuſe de nos diviſions inteſtines : ſi de toutes parts rapprochés, conciliés par vos ſoins, ne voyant plus les uns dans les autres que des frères trop long-tems égarés, & confondant leurs embraſſemens dans les larmes délicieuſes du répentir, vingt millions d'hommes, éclairés enfin ſur la cauſe de leurs ſouffrances, ſe jurent & l'oubli de leurs haines paſſées & l'amour le plus durable. Ah ! citoyens ! quel plus bel emploi de l'autorité que celui de répandre l'union, la confiance & le bonheur !

DEMAIN ! ſi, moins ombrageux & plus confians, ſans ceſſer de les ſurveiller, vous ne voyez dans les dépoſitaires de l'autorité, que des hommes qui, comme vous, ſacrifient leur repos, leur ſanté & leurs veilles, pour courir la même carrière que vous, la carrière ingrate & pénible du bonheur public ! la responsabilité qui pèse sur vos têtes, pèse également sur celle des *élus du peuple*. Vos travaux sont communs; l'objet, vous le savez, en est le même. Rapprochés les uns des autres par le sentiment de l'estime, que le nœud de la confiance vous unisse donc encore plus étroitement: l'inquiétude alors, le dégoût & l'amertume ne viendront plus du-moins, jusque dans le sanctuaire de vos occupations consacrées à l'intérêt public, empoisonner votre vie ; & votre union, cimentant la nôtre, sera l'heureux présage de la fin tant souhaitée de nos longues agitations.

QUAND VERRONS-NOUS DONC ENFIN LE TERME SI DÉSIRÉ DE NOS MAUX !

Autorités constituées, JAMAIS ! tant qu'au scandale de la paix & de la fraternité, élevant autel contre autel, vous disputerez aux commissaires, aux agens du gouvernement leurs tristes prérogatives ; je veux dire, cette initiative pénible de surveillance & d'exécution dont la loi leur prescrit impérieusement le devoir; tant que, soigneux de les exclure du mystère de vos conseils, vous prendrez, à leur insçu, des délibérations qui n'en sont pas, & que la présence de leur ministère peut seule légaliser.

JAMAIS ! tant que fermement attachés à l'ancre de notre salut commun, à la *constitution de 95*, qu'ils défendent avec courage des atteintes de l'ignorance & des attaques de la méchanceté, ces fonctionnaires publics ne feront, à vos yeux, que des argus incommodes, des contrôleurs de vos actions, des espions de vos gestes & de vos pensées, que des partisans enfin de la *terreur*, dont, à vous entendre, ils osent encore regretter l'affreux régime.

JAMAIS! tant que, forts du courage des lâches, & les écrasant par le nombre, vous ne signalerez à l'opinion publique les hommes en qui le gouvernement a mis sa confiance, que comme des intrigans, des êtres immoraux, des ambitieux, des anarchistes, des frippons, & pas un d'eux sous les couleurs de l'homme de bien.

JAMAIS! non JAMAIS! tant que, pour asseoir les bases de votre popularité sur les débris de la leur, tous moyens vous seront bons; tant que, par le comble de la perfidie, vous vous ferez, vils *populaciers!* auprès d'une foule dupe, ignorante & crédule, un mérite de l'exécution des lois protectrices & bienfaisantes; tandis que, rusés tacticiens, vous rejetterez sur vos ennemis, les agens du gouvernement, tout l'odieux de ces mesures de rigueur, que commande par-fois au législateur, pour le salut de tous, la dure nécessité des circonstances.

QUAND VERRONS-NOUS DONC ENFIN LE TERME SI DÉSIRÉ DE NOS MAUX!

Autorités constituées, DEMAIN! si, affectionnant ces sentinelles courageuses que la loi & le gouvernement, venant à votre secours, n'ont placées près de vous, que pour nous donner à tous l'éveil du danger, vous les aidez vous-mêmes fraternellement de vos lumières & de vos conseils, à s'acquitter des obligations que leur enjoint le salut de la patrie. Appelés au poste que vous occupez, vous, par la voix du peuple, eux, par le suffrage du directoire, vous tenez, & les uns & les autres, vos pouvoirs de la même source ; & puisque la loi vous a tous jetés sur la même ligne, n'établissez donc pas entre eux & vous une distinction que la raison & le bon sens réprouvent.

DEMAIN ! si, secondant leur zèle & le soutenant par votre exemple, vous n'envisagez plus, dans les commissaires du pouvoir exécutif, que des égaux, des amis, des frères qui, portant avec vous le pesant fardeau de l'administration publique, ont juré, comme vous, sur leur tête, de défendre, contre les outrages du crime, l'arche sainte, la constitution de l'empire.

DEMAIN ! si, moins jaloux d'accaparer pour vous seuls la faveur populaire, vous laissez du-moins à ces fonctionnaires une part quelconque dans l'estime publique & la confiance de leurs concitoyens. Et que peuvent-ils, en effet, non plus que vous, ces fonctionnaires, sans l'estime & la confiance ? Laissez-leur en donc, s'ils la méritent, la douce jouissance.

DEMAIN ! oui DEMAIN ! si, vengeant les commissaires des calomnies odieuses qui n'ont de prétexte que dans la sévérité de leur ministère, mais calomnies dont les méchans ne cessent de les abreuver, vous ne parlez au peuple de ces mandataires du gouvernement que dans les termes de l'estime & d'après l'impulsion de votre conſcience. Juges! adminiſtrateurs! vous devez la vérité, toute la vérité à vos concitoyens. Au nom de la concorde, ayez donc, je vous en conjure! ayez le courage de leur en faire entendre les accens. Pénétrés comme d'AGUESSEAU, ce grand homme qui *penſait en philoſophe & parlait en orateur*, pénétrés comme lui de cette importante vérité : que la loi répond des inconvéniens qu'on éprouve quelquefois à la ſuivre; mais que l'homme eſt reſponſable de ceux qui arrivent en s'écartant de la loi, dites & répétez-leur ſans ceſſe que les agens du gouvernement ne ſont pas plus que vous garans de la rigueur, mais reſponſables de l'exécution des lois. Dites & redites-leur que, placés près de vous pour ſurveiller & activer les meſures de la loi, ces dépoſitaires de l'autorité ne font par devoir que ce que vous feriez, que ce que vous faites vous-mêmes, pour fixer enfin, par le reſpect des perſonnes & la garantie des propriétés, le thermomètre du bonheur public.

QUAND VERRONS-NOUS DONC ENFIN LE TERME SI DÉSIRÉ DE NOS MAUX!

Adminiſtrateurs, JAMAIS! tant que, cachant ſous le ton de la ſuffiſance la miſère de vos moyens, & ſous une morgue empeſée votre nullité abſolue, vous tiendrez ſtupides! dans les autorités la place du mérite modeſte, qui, n'ayant rien à faire, & gémiſſant tout bas, de peur de ſcandale, de vos lourdes & nombreuſes ſotiſes, rit tout haut de l'air d'importance & de ſatisfaction qui vous enivrent.

JAMAIS!

JAMAIS ! tant qu'avec du patriotiſme & des lumières, nous ne remarquerons pas encore en vous, indépendamment de cette probité du cœur, qui nuance & embellit les qualités de l'eſprit, ce fonds de moralité qui concilie l'eſtime, & commande tout-à-la-fois le reſpect & la confiance.

JAMAIS ! tant que, ſubſtituant à l'orgueil des *intendans* l'inſolence des *tribuns*, bruſquant les adminiſtrés, ou déſolant leur patience par la lenteur interminable de vos opérations, plus occupés de vos intérêts que de ceux de vos concitoyens, les bras croiſés au milieu d'un déluge de pétitions & d'affaires urgentes qui noyent vos bureaux, vous ajournerez ſans ceſſe un travail qui ne veut pas de délai, & dont votre devoir & la néceſſité vous font un crime.

JAMAIS ! tant que, groſſiſſant le nombre déjà trop effrayant des égoïſtes, & ne nous étalant, plus coupables qu'eux, au lieu de l'enthouſiaſme de la patrie, qu'une inſouciance funeſte ſur la choſe publique, vous vous endormirez ſur le cratère des conſpirations, dans la ſécurité de la brute. . . .

Magiſtrats du peuple, JAMAIS ! tant que, ceints de l'écharpe tricolore, vous ſaiſirez avidement dans l'autorité temporaire qui vous eſt confiée, le prétexte & l'occaſion de ſervir, non pas la cauſe de l'égalité, mais celle de vos paſſions : tant que, proſternés à deux genoux aux pieds du *veau d'or*, ne voyant que raiſon & juſtice dans les ſollicitations intéreſſées de l'homme puiſſant, qu'importunité ou mauvaiſe foi dans la réclamation rare & timide du pauvre, vous retrancherez à l'un de sa part dans la distribution des charges locales & publiques, pour, la reversant sur l'autre, qui n'a pas de pain, ajouter encore à sa détresse, & combler sa misère.

Municipe! c'est à toi particulièrement qu'est confié, sur la foi du serment, le soin de maintenir l'ordre & d'assurer la tranquillité parmi nous. Mais toujours tu nous ôteras jusqu'à l'espoir d'en jouir, de ce double avantage, tant que, couvrant de l'égide de l'impunité les délits que la loi t'ordonne de réprimer, vil prévaricateur, tu enhardiras, par ton insouciance ou ta mollesse, le polisson au mal, le méchant au vice & le scélérat au crime. Fonctionnaire public! écoute & médite la leçon de l'un des plus heureux peintres du cœur humain; tu y puiseras, j'aime à le croire du-moins, avec la règle de ta conduite politique, la mesure de tes obligations & de tes devoirs:

> Quelques crimes toujours précèdent les grands crimes.
> Quiconque a pu franchir les bornes légitimes,
> Peut violer enfin les droits les plus sacrés:
> Ainsi que la vertu, le crime a ses dégrés;
> Et jamais on n'a vu la timide innocence
> Passer subitement à l'extrême licence.
> Un seul jour ne fait point d'un mortel vertueux
> Un perfide assassin, un lâche incestueux (44).

QUAND VERRONS-NOUS DONC ENFIN LE TERME SI DÉSIRÉ DE NOS MAUX!

Administrateurs, DEMAIN! si, inhabiles à des fonc-

(44) *RACINE*, dans sa *tragédie de PHÈDRE*, act. 4. scène 2.

tions dont l'exercice demande des talens que vous n'avez pas ; si, pliant sous le fardeau qui vous écrase, vous remettez généreusement, par l'aveu franc de votre faiblesse & de votre incapacité, la gestion des affaires publiques en des mains plus habiles. Citoyens ! le directoire vous l'a dit, & moi, je vous le répète : *Celui qui, se connaissant les moyens d'être utile, s'éloignerait de l'emploi où le bien de son pays l'aurait appelé, serait un lâche ; mais celui qui, malgré la conscience de son incapacité, resterait au poste où* le peuple *l'aurait placé, serait un traître* (45).

Administrations !

La réputation des mœurs est la première ;

& comme celle d'ARISTE,

Mon estime toujours commence par le cœur (46).

Voulez-vous donc nous y faire toucher DEMAIN, au terme de nos maux ? apportez-nous, dans l'exercice de vos fonctions, des têtes pleines des fruits de l'expérience, & des ames vuides du limon des passions. Mariez en vous la probité avec le patriotisme, l'austérité des mœurs avec les lumières, & ne nous offrez plus que l'ensemble des vertus qui doivent, dans une république, caractériser le dépositaire de l'autorité.

Point de morgue, mais de l'aisance ; point de hauteur, mais de l'affabilité dans tous vos procédés. On vous tient quittes de la symétrie des révérences ; n'en

(45) Pages 12 & 13 de l'*Instruction* du 12 frimaire, an 4.

(46) GRESSET, dans le *Méchant*, acte 4, scène 4.

exigez pas vous-mêmes, & ne dites pas, comme le superbe AMAN, du fier, du vertueux MARDOCHÉE:

L'insolent devant moi ne se courba jamais.

Plus de cet impitoyable *parlage* qui multiplie les échos discordans de vingt *cymbales retentissantes*; mais, dans le silence, des actions nombreuses & pleines de vie. Point de lenteur, mais du zèle; point de retard, mais de l'activité dans l'expédition des affaires:

Vous n'êtes point à vous; le tems, les biens, la vie,
Rien ne *vous* appartient, tout est à la patrie (47).

Secouez donc encore & le vil égoïsme qui vous entache, & cette insouciance criminelle qui semble vous rendre étrangers aux biens comme aux maux de la mère commune. N'êtes-vous pas tous appelés à ramer vers le port de la félicité publique? ne vous fiez donc pas à tous les travailleurs; surveillez les passagers; & redoublant d'efforts pour fixer, avec le pilote, les oscillations du vaisseau de l'état, redoublez aussi de veilles pour le garantir du-moins des attaques sourdes de ses perfides ennemis. *Un siècle de pareils soins, s'ils empêchent une seule conspiration de naître, est préférable au coup de canon, devenu nécessaire, qui en détruirait mille déjà formées* (48).

Magistrats du peuple! DEMAIN elle sera éteinte, la torche encore fumante de nos divisions: mais pour cela, loin de vous & l'odieuse prévention & l'injuste partialité. Pénétrés de l'étendue, de la bienfaisance

(47) *Idem*, dans SYDNEI, acte 2, scène 6.

(48) *Inst. du Direct. exécut.* du 12 frimaire, an 4, p. 7.

de vos devoirs, libres d'affections, ou plutôt, les nivelant toutes sous le compas de l'égalité, il faut que, décorés de l'emblême du pouvoir, accueillant avec bonté la demande de l'indigent, sans rejetter celle du riche, vous rendiez à chacun la justice qui lui est due : son déni est un crime que vous reprocherait votre conscience, & que le peuple ne vous pardonnerait pas.

Chargés de la répartition de l'impôt, gardez-vous bien sur-tout de l'ombre même de l'iniquité ;

Et d'injustes fardeaux n'accablez point vos frères.

Favoriser les uns, pour aggraver la surcharge des autres, ce serait, citoyens ! vous rendre aussi coupables que ces vils centurions dont une loi (49), chez les *Romains*, punissait l'infidélité par la peine du feu.

Municipe ! toi *par qui le gouvernement touche au peuple*, DEMAIN nous y serons, à l'abri de la tourmente de nos dissentions domestiques : oui, mais c'est à toi de nous le préparer, & tu le peux, cet abri si désiré.

Ouvre ton bréviaire, le code de la police municipale ; tu y liras tracés, dans chacune de ses pages, à côté de la ligne de tes devoirs, les moyens de rétablir, sinon le bonheur, du-moins son image chérie, la tranquillité parmi nous.

Roidis-toi donc, dès son principe, contre les efforts du mal. Sentinelle placée au pied de l'échelle des désordres publics, brise-en, à l'approche de l'audace, de la licence & du vice, brise-en, te dis-je, les premiers échelons ; ou, parvenu, par ta complaisance

---

(49) 1 Cod. *de censibus*.

meurtrière, au comble du crime, le brigand, le scélérat, te poignardant un des premiers, peut-être, vont jeter l'anarchie, l'épouvante & l'effroi au sein de la société.

As-tu seulement lu, magistrat du peuple, l'article 7 de la loi du 4 brumaire de l'an 4, par laquelle la *Convention nationale* a terminé sa longue & orageuse session? Je vais t'en retracer ici les dispositions; lis & rougis.

Tout citoyen qui, dans le lieu des séances d'une administration, d'une municipalité, ou d'un tribunal, se permettrait d'employer contre un ou plusieurs individus, quelque dénomination de parti, ou des reproches relatifs aux évènemens de la révolution, sera rappelé à l'ordre, & exclu du lieu de la séance pour vingt-quatre heures: en cas de récidive, il sera condamné à la suspension de tous droits de citoyen pendant un an, ou déclaré inhabile, pendant le même tems, à y participer. La peine sera prononcée sommairement par toute administration où tribunal en présence duquel aura été commis le délit. Le présent article sera imprimé en placard, & affiché dans le lieu des séances de toutes les administrations, municipalités & tribunaux (50).

(50) Cette loi dont la publication, au terme de son art. 8, ne devait être différée que dans les départemens insurgés ou agités, à l'époque de son émission, ne paraît avoir reçu nulle part en *france*, le sceau de l'authenticité publique. Il était alors impossible, je le conçois, aux autorités constituées de la faire exécuter. Mais quelles peuvent donc avoir été, à cet égard, les raisons du directoire?

Oh! que de ſageſſe dans cet article de la loi! & tu n'as pas eu le courage, toi, municipe! toi, le dépoſitaire des premiers moyens de notre ſalut commun, quoi! tu n'as eu ni le bon eſprit, ni le courage de le faire exécuter! malédiction ſur ta tête!!! les forfaits de la réaction deviennent, en partie, ton ouvrage. Le ſang verſé à grands flots, depuis un an, ſans toi, il circulerait encore dans les veines des enfans de la patrie; c'eſt toi qui l'as fait répandre. Les maux affreux qui nous dévorent, c'eſt toi, toi ſeul, barbare, qui les as tous cauſés! Tu pleures, malheureux! & je pleure avec toi.... je n'en rougis point; imite-moi; pleure, & que, partageant toute ma ſenſibilité, tes larmes, les larmes du répentir, garant déſormais de ta vigilance à ſuivre l'exécution des lois, ſoient ainſi le préſage heureux du terme de nos maux.

QUAND VERRONS-NOUS DONC ENFIN LE TERME SI DÉSIRÉ DE NOS MAUX!

Tribunaux, JAMAIS & DEMAIN. JAMAIS! tant que, partageant l'indignation d'*ALCESTE*, comme lui, j'aurai le droit douloureux de m'écrier:

Quoi! contre ma partie on voit tout-à-la-fois
L'honneur, la probité, la pudeur & les lois!
On publie en tous lieux l'équité de ma cauſe;
Sur la foi de mon droit mon ame ſe repoſe:
Cependant je me vois trompé par le ſuccès;
J'ai pour moi la juſtice, & je perds mon procès (51)!

JAMAIS! tant que, dans le ſanctuaire de la juſtice,

(51) Comédie du *Miſanthrope*, act. 5. ſcène 1re.

la haine & les passions . . . . dieux ! quel affreux rapprochement, ou plutôt, quel horrible mélange ! Dans des tems calmes, elle indigne ; mais en révolution, cette idée-là seule fait frémir.

Hé-bien, je l'ai dit, non JAMAIS ! tant qu'entraînés par le torrent des factions qui nous divisent, vous n'imprimerez à vos jugemens, au lieu du sceau de l'équité, que celui de la haine & des passions.

Et DEMAIN ! si, fidèles à cette leçon de la comédie :

Ça, Messieurs, point d'intrigue,
Fermons l'œil aux présens, & l'oreille à la brigue (52) ;

si, sans yeux pour la personne du plaideur, mais attentifs aux seuls moyens de sa cause ; si, étrangers à tout esprit de parti, & ne voyant dans le citoyen accusé, qu'un coupable à punir, ou qu'un innocent à absoudre, comme la loi, vous prononcez *sans aimer ni haïr.*

Magistrats corrompus ! qui, sur vos saintes chaires,
Mettez sordidement la justice aux enchères ;
Qui, trafiquant le droit, profanez vos états,
Pour laisser une blette à vos enfans ingrats (53) ;

JAMAIS nous n'y toucherons au terme hélas ! si prolongé de nos maux, tant que, couvrant les reproches de tous les siècles par de nouveaux attentats, vous nous inspirerez à tous, pour les temples de

(52) DANDIN *dans les plaideurs*, fin du deuxième acte.

(53) SALUSTE DU BARTAS dans son *hist. de la création du monde*, 3e. *jour de la* 1re *semaine*, pag. 72 de l'édit. in-18 de 1615, à *Genève*.

THÉMIS, la même horreur que pour les antres effroyables des monstres *CACUS* & *POLYPHÈME*.

Organes, ministres de la justice! DEMAIN, si vous le voulez, nous la verrons, la fin de nos mortelles angoisses. Avant que de monter au tribunal de la loi, descendez dans celui de vos consciences. N'êtes-vous pas les dépositaires de la fortune, de l'honneur, de la vie même de vos concitoyens? Vous voyez l'*huître*; c'est leur propriété: respectez jusqu'à son *écaille*. Leur honneur, répondez-en sur le vôtre. Leur vie, veillez dessus, comme autrefois le dragon sur les pommes d'or, dans le jardin des *Hespérides*.

Magistrat! les registres du greffe sont le journal de tes actions; n'y en inscris jamais que de bonnes; & il en aura menti, le misanthrope atrabilaire, qui, fougueusement éloquent, nous disait, il y a plus d'un an, dans ses pages incorrectes & décourageantes, que, *semblable à l'horison*, la *terre promise* que nous cherchons *depuis cinq années, s'éloigne à mesure qu'on paraît s'en approcher* (54): oui, il en aura menti, & DEMAIN, elle sera à nous, la terre du bonheur. Fertilisée par les larmes de la joie, elle développera, à l'ombre des rameaux toujours verds de la liberté, le germe fécond de toutes les vertus républicaines.

Et vous aussi, courageux orateurs qui, bravant les verges de l'ancien despotisme, déjà tant de fois

(54) *RICHER-SÉRISY*, pag. 14 du N°. 4 de l'*Accusateur public*.

avez fait retentir des auſtères accens de la vérité, les voûtes des temples de *Thémis*, avoués, hommes de loi, défenſeurs officieux ! vous pouvez tous l'accélérer, mais ne le retardez pas! le terme de nos maux. Avares du tems qui vous échappe, fiers de vos talens, jaloux de votre gloire, gardez-vous, ſacrifiant votre antique renommée au boueux *Mammone*, ou à la faction du jour, de faire & de l'un & des autres un criminel uſage. Vengeurs de l'innocence,

On expoſe toujours avec autorité
La cauſe de l'honneur & de la probité (55).

Effrayez donc le méchant; déſolez le juge pervers & corrompu; briſez dans ſa main déshonorée, ſur l'autel de la juſtice, la balance de l'iniquité, & qu'épouvanté, ſon génie tremble devant le vôtre.

Quand verrons-nous donc enfin le terme si désiré de nos maux !

Aſſemblées primaires, corps-électoraux, jamais ! tant qu'empiégés dans les filets de l'ambition, de la cabale & de l'intrigue, à travers de bons choix, vous en ferez qui, en vous déshonorant, ſemblent encore compromettre, ſinon les deſtinées, du-moins la gloire d'une grande nation.

Jamais ! tant que, n'utiliſant pas, au profit de l'avenir, le triſte réſultat de vos fautes & de vos erreurs paſſées; toujours dupes, toujours victimes de vos ſuffrages, vous ne ceſſerez de les détourner de deſſus le mérite modeſte & la vertu timide, qui ſe cachent,

---

(55) *Arondel* dans *Edouard*, act. 3. ſcène 8.

pour les jeter, sans discernement, ainsi que les honneurs & les emplois, à la tête du vice impudent & de la fate nullité, qui, serpens adroits, se les disputent, à l'envi, avec tous les artifices de la ruse.

Et comment voulez-vous donc que nous la voyions JAMAIS, ô mes concitoyens, la fin si désirée de nos déplorables misères ! Quand le vœu pressant de la loi & le salut plus pressant encore de la patrie, vous appellent tous en masse dans vos sections, en assemblées primaires; tels que des ombres *chinoises*, vous n'y paraissez, quelques minutes, par groupes errans & isolés, que pour en disparaître encore plus vîte. Et comme s'il ne s'agissait que des intérêts éloignés d'un peuple d'antipodes, à peine quelques *douzaines* de votans sur des *milliers* d'entre vous, daignent-ils seulement venir prendre part au choix & à la nomination de vos magistrats, de vos administrateurs & de vos juges.

Encore si ce choix, si ces nominations, fruits heureux du sang-froid de la sagesse, se faisaient tous dans le silence des passions ! Mais trop souvent l'homme qui, mûri par la réflexion, hasarde en tremblant, quelques idées utiles, accueilli aussi-tôt avec l'œil & l'air de la défaveur, se voit couvert, par quelques polissons impunis, de huées, d'injures & de crachats: & c'est ainsi que l'attention forcée & les *bravò* deviennent le partage de l'ignorant qui, avec de forts poûmons, beugle des sotises, & hurle quelques mots *soufflés*, qu'il ne comprend pas (56).

(56) A la réserve d'un très-petit nombre de départemens,

Aſſemblées primaires, corps électoraux! nous la verrons cependant, & nous la verrons DEMAIN, la fin de nos maux: elle ne tient plus, en quelque ſorte, qu'à la maturité de vos opérations, qu'à cette ſageſſe réfléchie que nos intérêts communs & la patrie inquiète vous recommandent dans le choix des hommes que vous allez élever aux différens poſtes de l'adminiſtration publique.

Souvenez-vous-en, citoyens! c'eſt en 90, au moment des premiers eſſais de la monarchie conſtitutionnelle, que l'on vous diſait, & moi, je vous le redis avec plus de confiance ſur la fin de 96, près du berceau & dans les langes de la république naiſſante:

« Apprenez à juger les hommes, non par les éloges qui leur ſeront prodigués, mais par leur conduite paſſée; non par les ſentimens dont ils feront parade, mais par ceux qu'ils ont autrefois manifeſtés. Repouſſez, ſans craindre d'écarter le vrai mérite, tous ceux que vous verrez rechercher les ſuffrages d'une manière ouverte ou détournée. Gardez-vous d'écouter la voix du ſang: fermez ſoigneuſement

---

de celui de la *Marne*, par exemple, dont les habitans ont toujours donné des preuves non équivoques de la douceur de leur caractère moral, il n'eſt peut-être pas d'aſſemblée primaire en *France*, dont la tenue, depuis 6 ans, n'ait été troublée par une poignée de mutins dont il a bien fallu arrêter la licence par des procès-verbaux auxquels la politique & la prudence, ſans doute, ont rarement permis de donner la moindre ſuite.

» l'oreille aux insinuations de l'amitié, de la reconnaissance. Votre suffrage est à vous : le plus beau » de vos droits, le plus saint de vos devoirs, est d'en » user *librement*, & de n'écouter que votre conscience. Et quels motifs pourraient vous en détourner ? » Protégés désormais par des lois justes, vous n'avez » plus d'oppresseurs à craindre, ni de protecteurs à » ménager. Appelés à tous les emplois, en raison » de vos talens & de vos vertus, vous ne devrez plus » votre élévation qu'à vous-mêmes. Des liens sacrés » vous unissent à la patrie, & ils sont plus forts que » tous les autres liens, ses intérêts plus précieux que » toutes les considérations (57) ».

Vous le voyez, vous l'entendez, citoyens ! c'est à-vous qu'est imposée la tâche d'extirper jusqu'à la racine, cette iliade de maux qui nous abyment. Vous tenez l'éponge, profitez du moment, passez-la sur le tableau déchirant de notre longue & douloureuse agonie ; & DEMAIN, il ne vous en restera que le souvenir salutaire. Entendez-vous la voix de la patrie qui nous appelle ? Commerçant, quitte donc tes comptoirs ; & toi, laborieux artisan, tes ateliers. Philosophe, laisse-là, pour un instant, JEAN-JACQUES, MABLY, VOLTAIRE & NEWTON. Savant, sors de ton cabinet. Administrateurs ! administrés ! courez,

---

(57) *Avis aux citoyens français, sur le choix des officiers municipaux, des membres des assemblées de districts & de départemens, par l'auteur de l'adresse au peuple Breton*, pag. 40 & suivantes de l'Observateur du département de la Marne.

volez tous à vos ſections; & là, fondant au braſier ardent du patriotiſme, ſur les cendres mortes du vil intérêt perſonnel, les glaces d'une apathie déshonorante, empreſſez-vous de préſenter à l'*Europe* édifiée le ſpectacle impoſant d'une grande nation réunie en *aſſemblées primaires*, & toute occupée, dans les tranſports d'une ſainte émulation, du choix heureux des gardiens de la choſe publique.

Craindriez-vous, citoyens, de vous égarer encore? Il ne m'appartient pas, ſans doute, il n'appartient à perſonne, quand le peuple ſouverain eſt aſſemblé, d'oſer élever la voix, pour lui donner des conſeils. Comme les ſages du comité de légiſlation, j'attends dans le ſilence & le reſpect, qu'on me demande mon avis; &, à leur imitation, je me hâte alors de faire entendre dans les comices, le tonnerre de ces vérités utiles :

Citoyens! vous avez « tous l'expérience des maux qu'entraîne l'autorité, lorſqu'elle eſt confiée à l'exaltation ou à l'inſouciance; lorſqu'elle eſt dirigée par l'incapacité qui l'avilit, ou par de viles paſſions qui en font un inſtrument de vengeances, & un moyen de dilapidations ».

Garantiſſez-vous, citoyens, » des erreurs de l'enthouſiaſme; choiſiſſez, pour veiller à vos intérêts, celui qui a toujours uni dans les ſiens la probité & l'intelligence; confiez le ſoin de votre repos à l'homme paiſible, aimé dans ſa famille & par ſes voiſins. Que celui qui aura le mieux manifeſté ſon amour pour les principes qui font l'objet & le but de la révolution, soit choisi pour les maintenir & les rappeler à ses concitoyens. Qu'enfin celui qui aura le plus de respect pour les lois, soit aussi celui qui se chargera de les exécuter. Les vertus privées, citoyens ! sont les seuls garans des vertus publiques (58) ».

QUAND VERRONS-NOUS DONC ENFIN LE TERME SI DÉSIRÉ DE NOS MAUX !

Instituteurs, JAMAIS ! tant que vous vous traînerez, en l'élargissant, dans l'ornière de la vieille routine, & qu'apôtres éternels des documens de la déraison humaine, vous laisserez en friche le cœur de vos élèves, pour leur farcir la tête de contes niais & de préjugés pitoyables & ridicules.

JAMAIS ! tant qu'à genoux devant le sceptre de la superstition, vous jetterez, à pleines mains, l'yvraie dans une terre neuve dont la patrie ne vous a confié la culture qu'à la condition expresse d'y semer le bon grain dont ses sillons sont avides.

Et quel est donc votre projet ? A-peine débarrassés du despotisme sacerdotal, nous sommes encore tous haletans des efforts à l'aide desquels nous venons de briser nos chaînes déshonorantes. Auriez-vous bien, perfides, l'intention criminelle de replonger nos

---

(58) *Extrait d'une lettre*, sous la date du 15 floréal an 3, *du comité de législation, envoyée aux sections de Paris, pour leur proposer de nommer les citoyens qu'elles croiront les plus propres à former les nouveaux comités civils.*

enfans ſous le joug de la tyrannie des prêtres ! des prêtres ! ! !

L'ignorance du peuple eſt pour eux un tréſor,
Sa ſuperſtition la clef du coffre-fort.
Oui, tout eſt profané par ces ames profânes,
Qui du premier moteur ſe diſent les organes ;
Et les *prêtres* ont fait bien plus de libertins
Que les Bayles, les Locks, les *Choriers*, les Latins.
Avant que Saint-François inventa la beſace,
Avant que Loyola ſuſpendit ſa cuiraſſe,
Avant que Saint-Benoît eût fui dans les déſerts,
Avant que Dominique eût mis l'Eſpagne aux fers,
Avant que Saint-Bernard prêchât la fin du monde,
Tout n'était-il pas *mieux* ſur la machine ronde (59) ?

O vous tous, qui que vous ſoyiez, qui vous chargez des nobles fonctions de l'enſeignement public ou particulier, inſtituteurs ! profeſſeurs de nos écoles centrales ! excédés, comme nous, de la longueur déſeſpérante & interminable de nos maux, parlez : voulez-vous en voir DEMAIN le terme avec nous ? hé-bien, à cette éducation maigre, ſuperſtitieuſe, ſervile & décharnée, qui, depuis des ſiècles, peuple la terre de fanatiques, d'eſclaves, d'imbécilles & d'idiots, ſubſtituez dès aujourd'hui la ſeule que la raiſon avoue, la ſeule que les lumières, la philoſophie & la liberté réclament. Reſpectant ſous le toit ſolitaire juſqu'aux écarts *religieux* de l'ignorance paternelle, arrachez, dans vos écoles, en dépit des vociférations & de l'anathême de la crédule ſuperſtition & du fanatiſme

(59) *L'Anti-moine*, vers 147.

ſougueux,

fougueux, arrachez des mains de l'enfance & de la jeunesse ces livres où le bon sens garde l'*incognito*, & qui enferrent dans leurs pages homicides, le germe de ces divisions qui fatiguent le globe depuis l'enfance du monde. Serrez-vous, réunissez tous vos efforts pour combattre & terrasser les préjugés : pour avoir été long, il n'est pas dit que leur règne sera éternel. L'*opinion en vieillissant devient aveugle* : je le sais : otez-lui la cataracte, & ce ne sera plus, comme on l'a dit, *un malheur pour la vérité de venir tard* (60) : chassée à l'instant d'un trône qu'elle avait usurpé, honteuse & confuse, l'erreur va lui céder la place, à la vérité hier encore méconnue, aujourd'hui adorée.

L'ignorance, non pas cette ignorance *savante* qui se connaît, & dont se glorifiait *SOCRATES*; mais celle qui dégrade l'homme, & le ravale au niveau de la bête qui rumine : cette ignorance est la source de tous les maux ; c'est le poison de la société : peignez-la sous les couleurs les plus hideuses ; ce sont les siennes : vos tableaux ne seront jamais assez chargés. Au défaut d'un autre plus énergique, gravez en lettres de feu, à la porte, sur les murs, les chaires & les bancs de vos écoles, cette inscription :

Il est une stupide & lourde déité ;
Le *Thmolus* autrefois fut par elle habité :
L'*IGNORANCE* est son nom : la paresse pesante
L'enfanta sans douleur au bord d'une eau dormante :

(60) *Lett. sur l'Atlandide de PLATON*, pag. 131.

Le hasard l'accompagne & l'erreur la conduit,
De faux pas en faux pas la sottise la suit (61).

. . . .

. . . .

Elle a produit l'oubli, l'abandon de nos droits,
Dégradé la nature, & profané ses lois,
Servi le fanatisme, enfanté l'esclavage :
Tous les maux de la terre ont été son ouvrage (62).

Instituteurs ! nous la voulons, & vous aussi sans-doute ? vous la voulez, la république. DEMAIN nous l'aurons, tranquille, heureuse, florissante, si, au lieu d'un vil troupeau d'esclaves tremblant devant ses *fétiches*, ce sont des hommes, & des hommes libres que vous formez au culte de la liberté.

Emules de ces êtres privilégiés, qui, dans tous les tems, sous l'œil rugissant de la tyrannie, propagèrent l'enthousiasme des vertus républicaines, nourrissez dans le cœur de vos élèves, à côté de la fierté du bien, le sentiment de leur indépendance morale.

La pensée n'a pas de corps ; elle échappe aux chaînes du despotisme, & se rit de ses fureurs. N'oubliez pas qu'elle aime à marcher seule ; quelquefois elle a besoin de guide, & jamais de lisières. Sachez donc la diriger, mais ne l'entravez pas, & souvenez-

(61) *LE MIERRE*, dans son *poëme de la peinture*, chant 3 & dernier.

(62) Ext. du *Cathéchisme franç. ; ou princip. de philosophie, de morale & de politique républicaines, à l'usage des écoles primaires.*

vous, entre autres, de cet aphoriſme politique de l'un de vos maîtres :

Le même jour qui met un homme libre aux fers,
Lui ravit la moitié de ſa vertu première (63).

Prédicateurs de la morale & de la liberté ! elle eſt difficile l'étude du cœur humain ; mais ſes avantages ſont de tous les inſtans de la vie : développez-en la ſcience à vos élèves. Qu'ils ſachent de bonne-heure que l'idolâtrie la plus aviliſſante pour l'homme, eſt celle de ſon ſemblable. Elle a, cette idolâtrie, ſa ſource & ſon excuſe dans un échaffaudage extérieur & des apparences trompeuſes : percez l'écorce, le prétexte tombe ; diſons mieux, l'illuſion s'évanouit. Hâtez-vous alors de porter, à leurs yeux, ſur ſon autel abandonné, dans le cœur de l'idole nue, la lanterne de DIOGÈNES.

Je vous le répète, avec un ingénieux écrivain dont j'emprunte ici les expreſſions : « ce n'eſt point tout enveloppé & tout empaqueté, qu'il faut eſtimer l'homme. Si nous achetons un cheval, nous le voyons à nu. C'eſt le prix de l'épée que l'on cherche, & non du fourreau. Il faut eſtimer les hommes par eux-mêmes, & non par leurs atours. La baſe n'eſt pas de la ſtatue ; vous comprenez dans ſa grandeur la hauteur de ſes patins ; meſurez-le dans ſes échaſſes (64) ».

---

(63) *Traité du ſublime de* LONGIN, chap. 35. traduc. de DESPRÉAUX.

(64) *Le ſublime des auteurs*, édition in-12 de 1705, page 280.

QUAND VERRONS-NOUS DONC ENFIN LE TERME SI DÉSIRÉ DE NOS MAUX !

Tais-toi, exécrable folliculaire ! tais-toi ; aſſaſſin de la morale publique, émule infâme de l'infâme LOCUSTE, bourreau de ton pays, regarde-toi ! ! ! de la tête aux pieds, tu es encore tout dégouttant du ſang de la liberté, & tu viens avec nous invoquer la paix & le bonheur ! monſtre ! ſur cette terre que tu as déſolée, qui te maudit, il n'en eſt point pour toi. Déchiré de remords, hériſſé de couleuvres, livré tout vif à la dent des furies vengereſſes, va, tu l'as bien mérité ! va rugir, en expirant, ſous le fouet, la torche & les ſerpens des EUMÉNIDES.

Journaliſtes ! JAMAIS nous ne l'atteindrons, le terme de nos maux, tant que, proſtituant à la ſoif de l'or les nobles fonctions de l'hiſtorien, vous ne ferez de l'art d'écrire qu'un vil métier dans lequel, ſemblables aux vers qui s'alimentent de la pourriture des cadavres, vous vous diſputerez une indigne pâture.

JAMAIS ! tant que, dominés par l'eſprit de parti, déſerteurs de la bonne cauſe & de la vérité, vous tremperez votre plume noircie de menſonges, dans le fiel de la haine & la vaſe des paſſions.

JAMAIS ! tant que, malicieuſement en oppoſition de principes ou d'intérêts, & que, tyranniſant l'opinion publique, vous vous ferez un jeu cruel de noyer cette portion du peuple qui vous lit, dans une mer d'incertitudes & d'anxiétés, qui ajoutent encore au sentiment de sa détresse;

Scinditur incertum studia in contraria vulgus (65).

Encore une fois, JAMAIS! non JAMAIS! tant que vous vendrez au peuple avide, crédule & trompé, à tant la feuille, l'ordure, la calomnie, l'opprobre.... Et cependant vous voulez, *dites-vous*, la tranquillité? imposteurs! cessez donc aujourd'hui de souffler cet esprit de révolte dont vous brûliez encore hier de désorganiser toutes les têtes. Vous voulez le bonheur? misérables! en est-il sans le respect pour la loi? la loi protectrice de l'honneur, des personnes & des propriétés. Hier, aujourd'hui même encore, vous cherchiez à lui enlever de tous les cœurs jusqu'à cette obéissance religieuse qui fait son égide & sa force. Enfin, vous voulez la paix parmi nous? la paix! bourreaux que vous êtes! mais l'avez-vous jamais vu habiter avec le crime? Formés à votre école, je vois des bandits, des scélérats que vos écrits séditieux arment, contre la société, du fer & du poison: & vous osez nous dire que, comme nous, vous soupirez après la paix! oui, barbares! mais c'est après la paix des tombeaux.

Et toi, vil & lâche folliculaire! approche; que je déroule à tes yeux, à tes yeux que tu détournes, les *annales* de TACITE, & que je t'épouvante avec ce dernier mot: *pour échapper au supplice, on n'échappe point à l'infamie.*

O mes concitoyens! vous qui courez la carrière épi-

(65) *Æneïd. lib. 2, vers.* 39.

neuse d'écrivains périodiques, DEMAIN, au terme de nos maux, nous prendrons terre avec vous sur le sol de l'égalité, du *bonheur* & de la liberté, si, orgueilleux de la magistrature morale que vous exercez dans l'état, vous voulez ne plus mentir à votre conscience, & sachant les apprécier, rester constamment à la hauteur de vos fonctions.

Modérateurs de l'opinion, censeurs de la morale publique, dirigez l'une constamment vers le bien : épurez (66) l'autre, en gourmandant les vices; &, comme ce chaleureux *Romain* dont la mémoire est en véné-

---

(66) Qu'il est de journalistes, jusque parmi les mieux famés, auxquels on pourrait, à bon droit, reprocher d'avoir été, non pas seulement les échos, mais les prédicateurs de l'indécence & de la dépravation des mœurs ! Les rédacteurs du *Mercure de France*, dans les jours de gloire de ce journal, & lorsque tu le tirais, heureux PANCKOUCKE, à *onze mille* exemplaires, n'ont pas toujours été eux-mêmes à l'abri de ce reproche justement mérité. Je pourrais entasser ici mes preuves; je me contente de la première qui me tombe sous la main, N°. 40 de l'année 1787, page 8. Il s'agit d'une charade qui a pour mot le cheval. *Le cheval*, dit naïvement l'explication, *a trois rapports avec la femme, la poitrine, LE FESSIER & les crins : c'est-à-dire*, ajoute le pudique glossateur Genevois, *MALLET-DU-PAN, la poitrine large, la CROUPE remplie & les crins longs.*

Oh combien, tu as raison, MONTAIGNE ! « l'écrivail-
» lerie semble être quelque symptôme d'un siècle débordé, &
» il devrait (*sans nuire à la liberté de la presse*), y avoir des
» lois pénales contre les écrivains frivoles & *indécens*, com-
» me il y en a contre les vagabonds ».

ration chez tous les peuples qui tiennent aux principes & à la vertu, donnez les premiers l'exemple édifiant, ſinon de l'auſtérité des mœurs, du-moins de la ſageſſe d'une conduite ſans tache. Une corruption ſourde, comme un cancer occulte, menace de dévorer le corps ſocial : ſignalez-en la marche & les progrès; faites plus, mettez ce hideux cancer à nu, & glaçant d'effroi toutes les imaginations par la préſence & la grandeur du danger, hâtez-vous, dans cet heureux moment de criſe, d'extirper avec le fer & le feu, juſqu'à la racine du mal : mais reportez-vous, je vous le répète, reportez-vous à l'exemple du vieux CATON, & n'allez pas, ſordides empiriques, auſſi *cancérés*, peut-être même encore plus que nous, eſſayer effrontément la cure d'une maladie dont vous étaleriez ſur vous le germe rongeur & les dégoûtans ſymptômes.

L'expérience de huit années nous vaut celle de pluſieurs ſiècles. Je l'entends qui nous crie : *français* ! ô peuple *français* !

> La plus faible étincelle embrâſe ce climat,
> Et rien, dans ce moment, n'eſt ſacré que l'état (67).

Gardez-vous donc, téméraires écrivains ! de réveiller encore parmi nous l'hydre mal aſſoupie des factions & des vengeances : n'en parlez plus que pour les plonger toutes à-la-fois dans le ſommeil éternel de la mort.

Déjà vous avez eu le courage de démaſquer des abus ſans nombre : avertie par vous, l'indignation publi-

(67) *VORCESTRE* dans *EDOUARD*, *tragédie*, act. 1er., ſcène 6.

que, vous le ſavez, en a fait juſtice. Continuez à bien mériter de la patrie ; il en eſt d'autres encore dont le nombre effraye : ſuivez-les à la piſte ; &, les forçant juſque dans leurs derniers retranchemens, livrez-leur une guerre à mort. Attachez-vous ſur-tout à ceux qui, acharnés ſur le cadavre de nos finances, comme les oiſeaux carnaſſiers ſur leur proie en lambeaux, dévorent le fiſc, & voudraient arracher à l'état appauvri juſqu'à ſon dernier *centime.*

Officiers de la morale publique, vous l'êtes auſſi de la politique éclairée des nations. Les opérations du gouvernement, les actes, les lois du corps légiſlatif, vous avez le droit de les diſcuter, mais non celui de les avilir. Épurez-les, en préſence de l'opinion, au creuſet de la raiſon, de l'utilité, des lumières & de la juſtice.

Qu'elle eſt belle! qu'elle eſt noble la paſſion d'éclairer ſes ſemblables, ſans autre prétention que celle de ſervir ſa patrie! Ecrivains périodiques, vous m'avez entendu. Conſacrées à l'utilité, à l'honneur, à la vérité, que vos plumes ne tracent déſormais que des lignes dignes de vous, de vos contemporains & de la poſtérité.

Vous connaiſſez ce mot fier & profond d'*Apollonius* de *Thyane* : *courbé ſous le joug de la ſervitude, le ſerf eſt fait pour mentir, mais l'homme libre ne doit profeſſer que la vérité.* Intimidés par la crainte, ou ſéduits par l'eſpérance, n'allez donc pas mutiler l'énergie de votre penſée, ou ſubſtituer, pour quelques paillettes d'or, le coloris de l'odieux menſonge au langage auſtère de la vérité. Auriez-vous déjà oublié l'exemple du ſenſible *Camille-Desmoulins*, du vertueux *Philippeaux* (68). Ils vous ont, ces grands hommes, ouvert & frayé le chemin à la gloire : j'y vois encore l'empreinte mouvante de leurs pas. Enflammés d'un beau zèle, élancez-vous ſur leurs traces ; &, ſi telle eſt votre deſtinée, qu'il vous faille être martyrs de la cauſe & des intérêts de l'humanité, ſachez, comme ces auguſtes modèles, couronner une vie glorieuſe par une mort plus glorieuſe encore :

Le crime fait la honte, & non pas l'échaffaud.

Des flots d'huile bouillante n'ont que trop coulé ſur nos plaies ulcérées ; journaliſtes ! il eſt tems de les arroſer du baume de l'eſpérance. Aujourd'hui cependant parlez-nous encore, j'y conſens, parlez-nous

---

(68) Le premier eſt monté ſur l'échaffaud, en diſant au monſtre qui l'en menaçait : *tyran ! guilloti ner n'eſt pas répondre.*

Le ſecond, en dévoilant les turpitudes dont la guerre de la *Vendée* offrait le hideux tableau, eſt tombé, martyr de la vérité, ſous le fer homicide des exécrables chefs de cette guerre abominable.

Voyez le dernier écrit de ce fidèle mandataire du peuple, intitulé : *Réponſe de* PHILIPPEAUX *à tous les défenſeurs officieux des bourreaux de nos frères dans la Vendée, avec l'acte ſolennel d'accuſation, fait à la ſéance du 18 nivoſe, ſuivie de trois lettres écrites à ſa femme, de ſa priſon.* C'eſt à l'épouſe de ce vertueux citoyen que nous ſommes redevables de la publicité de cette intéreſſante brochure in-8°. de 97 pages, imprimée à Paris, l'an 2.

de nos longs malheurs ; mais avec le désir, mais avec l'espoir de les voir finir DEMAIN. Amis de la paix, foulez aux pieds, avec les sifflets de l'envie, les trompettes & les attributs de la haine & de la vengeance. Ralliez-vous tous, en présence de l'autel de la liberté, sous les étendards de la concorde. Quel triomphe alors sera le vôtre ! & quelle récompense plus délicieuse que celle de pouvoir vous dire à vous-mêmes : reconciliés par nos soins, nos écrits & nos veilles, vingt millions d'hommes, oubliant à-l'envi, dans les douces étreintes de la fraternité, le sentiment de leurs querelles sanglantes, ne sont plus occupés en ce moment que du besoin & des moyens d'assurer la durée de leur bonheur !

QUAND VERRONS-NOUS DONC ENFIN LE TERME SI DÉSIRÉ DE NOS MAUX !

Poussé dans la chambrée, dans la caserne du soldat novice, mais déjà tout couvert de blessures & de lauriers, que de fois il a retenti, ce cri phylantropique, sous la tente du vieux guerrier ! & combien de fois encore, dans les camps, sur le champ de bataille, ne s'est-il pas délicieusement mêlé aux cris sanglans de la victoire !

C'est qu'à la différence des *esclaves* que la volonté suprême de leurs tyrans lance, comme des animaux féroces, dans les rangs de la destruction & de la mort, douze cents mille hommes *libres*, levés en masse de tous les points de la *France*, n'ont pris les armes, indignés, des mains de la nécessité, que pour arracher leur patrie à l'ambition vorace de ces tigres couronnés, qui, des extrémités du globe épouvanté, étaient accourus, pour s'en disputer les débris & les lambeaux.

C'est qu'à la différence de ces bandes brutes, dont chaque victoire ajoute encore à la pesanteur de leurs fers; sensibles aux maux de la mère commune, effrayés de ses dangers, impatiens du joug d'une trop longue tyrannie, douze cents mille *français* ne combattent que pour assurer, avec ses avantages, le triomphe de la liberté.

C'est qu'à la différence du féroce *autrichien*, du perfide *insulaire*, du lâche & fanatique *italien*, vils troupeaux sans pénates & sans patrie, le *français* est soldat, mais soldat citoyen.

C'est que, bien différent de ces hommes-*machines*, façonnés sous le bâton, au métier de la guerre, misérables qui n'ont de l'humanité que les vices de leur nation; le soldat *français* n'aspire, après avoir pacifié l'*Europe*, qu'après l'heureux moment de ramener avec lui la paix, la joie & l'abondance dans ses foyers abandonnés.

Le soldat *français* ! oh ! comme il le devance en imagination, l'heureux instant où, tendrement serré dans les bras défaillans d'une mère âgée & sans appui, enivré des embrassemens d'une sœur chérie, il va, sous l'œil humide, en présence du cœur satisfait de son vieux père, presser avec orgueil son sein cicatrisé contre le sein palpitant d'une épouse adorée !

O toi, farouche insulaire, fils de CHATAM,

monſtre vomi ſur la terre pour le malheur du genre humain, *PITT!* l'entends-tu, le ſoldat *français*, comme il l'appele par ſes vœux, le fortuné moment où, dépoſant enfin, avec ſes lauriers, cette armure toute fumante encore du ſang de tes ſicaires, il va reprendre, ſous le toit de ſes ayeux, la lime, la truelle, le compas, le ſoc & la lyre, & content de l'héritage de ſes pères, léguer lui-même, avec l'exemple de ſon patriotiſme, un modique patrimoine à ſes nombreux enſans, heureux par ſes vertus & libres par ſon courage!

O vous, les quatorze, les invincibles armées de la république! vous qui, du ſein des victoires, brûlant de fermer le temple de *JANUS*, aſpirez au moment de dépoſer la foudre, pour jouir enfin, avec la *France* entière, des douceurs de la paix que vous aurez donnée au monde; JAMAIS, ni au-dedans, ni au-dehors, nous ne l'aurons, cette paix ſi déſirée, tant qu'il exiſtera dans vos bataillons quelques lâches de tout grade, qui, ſous l'habit, l'armure & les couleurs de la liberté, ſerviront, à votre inſçu, contre vous, contre nous, la cauſe & les intérêts des ennemis de la liberté, de la patrie, de l'humanité.

JAMAIS! tant que l'exemple impuni de quelques miſérables perdus de réputation, indignant le guerrier plein d'honneur, enhardira le déloyal à la licence: tant que le deſpotiſme brutal de quelques chefs, aigriſſant vos colonnes, excitera le mécontentement & le murmure dans les rangs: tant que le goût du pillage, gangrène des armées, & leur lèpre, l'esprit d'insubordination, l'emportant l'un & l'autre dans quelques brigands, sur l'amour de l'ordre & de la discipline, flatteront nos ennemis du fol espoir de vaincre, tôt-ou-tard, vos phalanges victorieuses.

JAMAIS! tant qu'il en existera dans vos cadres, de ces héros qu'on ne vit jamais aux champs de l'honneur & du danger. Le boulet de canon, il emporte la tête du poltron que frissonne & s'enfuit, comme celle du brave qui combat sur la brèche. Ils ne l'ignorent pas, les lâches! aussi, vous le voyez, ils savent encore mieux se d robber au feu qu'à l'œil perçant de la valeur & du patriotisme. Les voilà, ô les quatorze, ô les invincibles armées de la république, les voilà ces hommes qui, payés par l'or de la coalition, pour calomnier la victoire, empoisonnent insolemment, depuis six mortelles années, nos journaux de revers décourageans, & les papiers de l'étranger de succès menteurs. Oui, les voilà, regardez-les en face, les voilà ces hommes atroces, qui désolent & désespèrent le *français* de l'intérieur, & qui, versant de coupables espérances dans l'ame des peuples trompés, & la rage dans le cœur des tyrans, prolongent tous les fléaux d'une guerre dont l'issue les épouvante.

JAMAIS! tant que, sous le nom d'inspecteurs des vivres, de fournisseurs d'armées, une foule de vampires avides disputera l'avoine & la paille aux chevaux étiques qui, de toute part, tombent & meurent d'inanition; & que, volant au soldat nu l'étoffe qui doit remplacer ſon pourpoint tout déchiré, elle établira encore, cette horde de vampires, de criminelles ſpéculations ſur des fournitures avariées, pourries, qui, au lieu des principes féconds de la ſanté & de la vie, recèlent, pour les défenſeurs de la patrie, le germe infect de la maladie & de la mort.

Tranchons le mot : JAMAIS hélas ! nous ne verrons, avec le calme de l'intérieur, la paix au dehors, cette paix ſi déſirée, tant que, comme ces charlatans impies, qui, pour ſoutenir une exiſtence cadavéreuſe & maudite, vont par-tout empoiſonnant, déchirant, tenaillant & torturant le corps vivant de leurs ſemblables, des monſtres à face humaine ſe feront une abominable reſſource des fléaux de la guerre ; de la guerre qui autoriſe ou protège tous les crimes !

JAMAIS...!. ce mot déſeſpérant pour l'homme altéré de la paix & du bonheur, oh ! comme il flatte l'oreille, charme le cœur, & accroît l'eſpoir du *royaliſte*, du méchant & de l'*anarchiſte !* Scélérats, frémiſſez ! ils ſont enfin connus les traîtres qui, dans nos bataillons, juſque ſous les drapeaux de la liberté, conſpirant contre elle, & ſervant vos projets, épiaient le moment de vendre la victoire, & de placer la *france* ſous la domination du cruel étranger. Chaſſés honteuſement des rangs & déſarmés, c'eſt aujourd'hui que le ſoldat *français* leur arrache, dans ſon indignation, l'habit & la cocarde qu'ils déshonoraient : ce ſoir, dans une heure, pour prix de leur infâme trahiſon, ils ſeront enchaînés ; & DEMAIN, au lever de l'aurore, dans les camps reconciliés, au milieu des armées en présence & amies, près du bronze encore menaçant, à côté du laurier toujours verd, s'élèvera majestueusement de toute part, en place du cyprès, le tendre olivier de la paix.

Plus d'une fois sans doute, amant de l'ordre & de la discipline, le brave guerrier a gémi sur la licence & l'insubordination de quelques goujats : plus d'une fois aussi le penchant irrésistible d'un petit nombre de brigands pour le pillage, excita son indignation. Souvent encore la fierté du soldat républicain s'est roidie, en bataille rangée, contre le commandement arbitraire & la brutalité de quelques chefs.

Mais aujourd'hui que le besoin du repos, que l'amour de la patrie rallient tous ses défenseurs armés au centre de la sagesse, de l'obéissance, de l'honneur & du devoir, qu'elles renoncent & l'orgueilleuse *Autriche* & le perfide *Albion*, qu'elles renoncent à l'espoir stupide de vous vaincre, ô les quatorze, ô les invincibles armées de la république ! Ajoutée à vos innombrables triomphes, DEMAIN leur double défaite va porter le bruit de votre gloire aux extrémités du monde, & non plus alors, comme autrefois, à l'aspect d'un bandit, mais en présence de la majesté du peuple *français*, la terre tremblante, étonnée, restera dans un morne silence.

Vous, les éternels ennemis de ma patrie, hommes inquiets & turbulents ! hier encore, ligués avec les lâches qui se cachaient dans nos bataillons sous l'habit de la valeur, vous faisiez cause commune avec eux. Hier, avec eux, vous avilissiez encore la bravoure *française*. Altérant avec eux les couleurs de la vérité, vous jetiez encore hier, par des écrits perfides, le découragement au sein de la république : de l'univers entier, vous appeliez de féroces applaudissemens sur nos revers, l'inquiétude du doute sur nos succès, & l'odieux de la défaveur sur la cause & les motifs qui ont fait voler toute une nation aux armes contre les fureurs & la tyrannie des rois. Hé-bien, apôtres de la désorganisation, allez aujourd'hui chercher du renfort ailleurs: artisans du mensonge & de la calomnie, vous n'avez plus de collaborateurs dans les cadres de nos armées : ainsi que des traîtres, l'honneur du soldat patriote en a purgé sa compagnie ; & DEMAIN, à la confusion du méchant, la paix & le bonheur habiteront la terre de la liberté.

Et toi, qui, maudit du citoyen que ton luxe outrage, en exécration au soldat à qui tu disputes le vêtement & la nourriture, misérable ! qui, tout chargé d'opprobre, plies sous le poids de l'iniquité, & qui n'aguères sans chemise pour cacher ta vergogne, te noyes aujourd'hui dans une mer sans bords de richesses scandaleuses & mal acquises, tu voudrais bien, sans doute, que, pour éterniser le cours de tes concussions, la guerre fût éternelle ? scélérat ! & moi, je te dis qu'elle finira, entends-tu ? elle finira DEMAIN.

De ce gouffre de misère où tes rapines les ont plongés, le citoyen, le soldat, le gouvernement surveil-

lent

ſent tes compromis & tes achats. Tu voudrais bien, comme hier, décuplant tes calculs à l'aide d'un *zéro*, centupler encore, à ton profit, par l'addition d'un ſecond, le produit net du vol & du brigandage : oui, mais c'eſt ſous l'œil de la patrie que tu calcules ; il t'épouvante, cet œil ſévère : l'heureux chiffre allait s'arrondir, & la plume échappée de tes doigts tremblans, tombe & meurt ſur ſa groſſière ébauche. . . . .

Remparts de la liberté, graces immortelles vous ſoient rendues, ô les invincibles armées de la république ! d'un bras toujours victorieux, vous n'avez ceſſé de terraſſer, à l'extérieur, cet ennemi rebelle, ligué, à nos portes, contre notre indépendance politique. De l'autre, vous avez écraſé cette fourmillière de vampires qui, comme ces reptiles accoutumés, dans les maſures, à ſe gorger de fange & de venin, ne vivaient, à l'ombre de la paix, que des larmes & des calamités publiques. Au nom de la patrie, je vous ſalue, ô les quatorze armées de la liberté.

Dieux ! quel ſpectacle. . . ! Une immenſe population, une génération entière s'avance, toute couverte de lauriers : douze cents mille hommes, précédés du char de la victoire aſſiſe, ou plutôt, enchaînée ſur des trophées & des tronçons d'armes, rentrent, après ſix années d'abſence, au ſein de leurs foyers. Ce ſont tes intrépides défenſeurs ; ouvre tes bras, ô ma patrie, & reçois tes enfans *bien-aimés* : ils ſont dignes de toute ta tendreſſe. En ſerrant un guerrier, c'est un héros, ô ma patrie, que tu presses contre ton cœur !

Dans les murs, hors des murs, tout parle de sa gloire (69).

Pour récompense de leurs nombreuses blessures, de leurs honorables cicatrices, de tout le sang qu'ils ont versé, ils t'apportent, ces héros, avec la paix du dehors, ce bonheur qu'envain nous appelions parmi nous, puisqu'il devait encore être leur ouvrage.

O vous tous ! braves défenseurs de la patrie, pénétrez-vous bien, à votre retour dans vos foyers, de ce mot profond de *WASHINGTON* à son armée :

La gloire des soldats ne sera complette qu'autant que, dans la vie privée, ils sauront obéir aux lois, & remplir avec exactitude les devoirs de citoyen.

Et nous, ô mes concitoyens ! jouissons d'un bonheur qui nous a coûté tant de larmes ; & que DEMAIN, témoin de notre félicité, l'*Europe* jalouse s'écrie : « la *France* libre, est donc enfin heureuse ! ! ! »

QUAND VERRONS-NOUS DONC ENFIN LE TERME SI DÉSIRÉ DE NOS MAUX !

Peuple, ô peuple *français !* l'as-tu jamais vu, la paix, compagne du bonheur, habiter au séjour des orages ? Jouet & victime des factions, tu ne respires, dans une atmosphère empoisonnée, que les miasmes corrosifs de la haine & de la vengeance : tu es en contact avec tous les élémens d'une discorde éternelle ; & tu

---

(69) *CORNEILLE*, dans la tragédie des *HORACES*, act. 5. scène 3.

ſoupires après le terme ſi cruellement prolongé de tes maux ! non, tu ne le verras JAMAIS !

Que de tentatives, quelle lutte, que d'efforts, que de fatigues, quelle chaîne de travaux depuis 89, pour aſſeoir parmi nous, ſur les débris d'un gouvernement deſpotique, ſans frein & uſé, les baſes d'une conſtitution protectrice de la liberté civile & politique ! & qu'ils nous l'ont fait payer cher, les méchans, cette conſtitution que, pour le bonheur du monde, la philoſophie appelait à grand cris ſur la terre ! cette conſtitution que la main du tems & le génie de la ſageſſe marqueront un jour du ſceau de la perfection humaine.

C'eſt à travers les ruines, au milieu d'une mer de ſang, ſur les corps ſanglans & déchirés de nos frères, de nos amis, de nos pères, entre le deuil de la nature & les échaffauds, que nous venons enfin d'arriver, tout haletans, à cette forme de gouvernement libre, déſeſpoir du royaliſte, & contre laquelle ne ceſſera de conſpirer ce miſérable qui, athée & iconoclaſte hier, aujourd'hui dévot hypocrite, pour ſéduire, égarer les faibles, ſe couvre du manteau d'une religion dont il mépriſe juſqu'à la morale; d'une religion qui par-tout lui commande l'obéiſſance & le reſpect aux lois de ſon pays. L'impie ! comme il va rejetant, de conciliabule en conciliabule, ſur le compte de la révolution, des crimes qui ne ſont que l'ouvrage du crime, c'eſt-à-dire, le ſien & celui des monſtres, ſes pareils ! comme il appele la malédiction ſur la terre de la liberté, & comme il maudit la république! quoi! l'an cinq de la *chose publique*, il est encore un *français*, que dis-je? il en est encore, des milliers de *français* devant qui l'on ose faire entendre de semblables imprécations!!! Peuple, tu as besoin du repos, tu le demandes, tu l'implores, mais tu ne l'auras JAMAIS.

Ces *Français* qui n'ont de la *France*
Que la langue & l'habillement (70),

oh! que j'en vois encore qui, sous les dehors d'une probité feinte, au nom profané de l'amour du bien public, te poussent, sous les livrées de la liberté, vers le cahos de l'anarchie & les fureurs des dissentions intestines! peuple, ce n'est point là le chemin du bonheur, & JAMAIS tu ne le trouveras, ni dans les décombres de l'ordre social, ni sous les pieds d'airain de la guerre civile.

Tygre altéré du sang de tes frères, toi qui, ne vivant que des malheurs de la patrie, voudrais *révolutionner* toujours, stupide! tu ne vois donc pas qu'en nous armant sans cesse les uns contre les autres, tu n'échapperas pas toi-même au fer de la destruction?

« Les conquérans ont des pieds de fer, ils brisent » en marchant, & la poussière qui s'élève à leur pas- » sage, couvre tout ce qu'ils laissent en arrière; tout » finit & tout recommence avec eux. *Ne souhaitons* » *jamais de révolution; plaignons nos pères de celles*

---

(70) Expressions de *MALHERBE* contre les fauteurs de la guerre civile.

» *qu'ils ont éprouvées.* Le bien, dans la nature phyſi-
» que & morale, ne deſcend du ciel que lentement,
» peu-à-peu, j'ai preſque dit goutte à goutte; mais
» tout ce qui eſt ſubit, inſtantanné, tout ce qui eſt
» *revolution*, eſt une ſource de maux. Les déluges
» d'eaux, de feux & d'hommes ne s'étendent ſur la
» terre que pour la ravager (71) ».

Voilà ce qu'un *vrai* philoſophe écrivait, en 1778, au vieillard de *Ferney*; & c'eſt ce même homme, le ſage, le vertueux, l'immortel BAILLY, que des ſcélérats nous ont peint, en 1793, ſous leurs couleurs! C'eſt ce même homme que des factieux enragés ont proſcrit! ce même homme qu'un tribunal de bêtes féroces a livré aux outrages d'une populace effrénée, qu'il a fait indignement égorger! C'eſt ce même homme enfin que ni ſes lumières, ni ſes ſervices, ni ſon génie n'ont pu arracher à l'infamie du gibet, & qui a groſſi, dans des tems de deuil & d'opprobre, le long martyrologe des victimes de la révolution *françaiſe*!!!

Ce n'eſt que depuis quelques jours ſeulement, que nous avons l'eſpoir de reſpirer enfin à l'ombre d'une conſtitution républicaine: mais ſerait-ce donc à force de croiſades, contre le gouvernement tutélaire, dont elle vient de proclamer les baſes, que l'on prétendrait fixer, avec nos deſtinées, la tranquillité au ſein de vingt-quatre millions d'hommes?

---

(71) *Lettres ſur l'Atlantide de* PLATON, pag. 23 de l'édit. précitée.

Est-ce en aboyant sans cesse la *royauté*, que des esclaves encore tous meurtris du poids de leurs chaînes, feront luire à nos yeux l'aurore de cet avenir tranquille & heureux après lequel chacun de nous s'élance? La tranquillité, le bonheur sous la *royauté*, qui se sert des hommes comme des jettons! qui les immole par milliers à son ambition avec la froide indifférence du joueur pour sa fiche! Le bonheur sous la *royauté* pour qui tout vit, & qui ne vit pour personne! quel blasphême!

Un roi dans sa couronne a toute sa famille ;
Son état est son fils, sa grandeur est sa fille,
Et de ses intérêts bornant sa parenté,
Tout seul il est sa race & sa postérité (72).

Et tu les écoutes, ô peuple, ces hommes perfides & astucieux, qui, à genoux & en extase devant ce nom doré, viennent sans cesse te mettre en opposition sous les yeux l'aplomb tyrannique du gouvernement d'*un seul*, avec la tourmente & les orages d'une république naissante! Intéressés à ce que nos maux n'aïent de terme que dans un bouleversement général, à l'effroi de nos infortunes présentes, ils ajoutent le désespoir d'un avenir plus effrayant encore. Peut-être, tu sais les apprécier, ces sinistres prédictions; mais enfin, peuple, tu les écoutes ; & ce n'est pas aux cris lugubres de l'oiseau de la mort, que l'homme sensible peut se livrer, sur le lit de l'espérance, aux douceurs d'un paisible sommeil.

---

(72) CORNEILLE.

Prends, au lieu de friſſonner, cette attitude qui convient à la majeſté d'un peuple qui, pour avoir le bonheur, n'a qu'à lui commander. Lève la tête, & tu la feras baiſſer aux ennemis de ton repos, & tu n'en verras plus, de ces charlatans politiques qui, juſque ſous l'échope, ſe diſputaient encore hier, le ſordide, le barbare plaiſir de te vendre leur *mithridate*. Regarde-les tous en face, ces oracles de la perfidie & du menſonge, ces prophètes de malheurs, & non pas DEMAIN, mais à l'inſtant, tombés de leurs trépieds, tu les verras, les deux mains ſur le viſage, ſe cacher dans la boue.

Qui peut t'arrêter? fais-le, ce premier pas vers ton repos ſi déſiré, &, doublant ainſi le cap des tempêtes, dès-aujourd'hui tu franchis à-la-fois tous les écueils. Alors, ne détourne plus tes regards de deſſus la terre promiſe : elle eſt devant toi, qui te ſourit ; ſuis, ſans t'en écarter, le chemin qui t'y conduit. Sur la route, près de la fraternité précédée de l'oubli des injures, tu trouveras la liberté de compagnie avec la paix & la juſtice, donnant toutes la main à la confiance.

Sur-tout ne vas plus, à l'inſtigation des méchans, prendre les haillons bigarrés & les ſaccades de l'affreuſe licence, pour la parure modeſte & les ſages élans de la ſainte liberté. L'une, que ſes forfaits n'ont que trop ſignalée, eſt *cette furie dégouttante de ſang, que la terreur précédait, & dont la mort ſuivait les pas* (73). L'autre, cette divinité que tout bon *fran-çais* adore, ne marche, au contraire, qu'au milieu du cortège de toutes les vertus ; le bonheur général eſt ſon objet & ſa fin.

Peuple, ô peuple *français* ! encore une réflexion, & ce ſera la dernière. Quel eſt celui d'entre nous, qui, durant le déplorable cours de cette longue révolution, peut dire à ſes frères coupables : MOI, JE N'AI RIEN, ABSOLUMENT RIEN A ME REPROCHER ? Qu'il ſe lève du milieu de la nation, qu'il apparaiſſe, ce miraculeux mortel, que nous lui prodiguions & les larmes & les étreintes de la reconnaiſſance ; ou plutôt, que nous lui écraſions la tête, à cet impoſteur, avec les foudres de l'indignation & de la vérité.

Homme ſuperbe ! parce que tu n'as fait incarcérer, que tu n'as dénoncé perſonne *injuſtement*, peut-être ; pour n'avoir point trempé tes mains dans le ſang innocent ; parce que, dans ces tems déſaſtreux, tu n'as pas, peut-être, comme tant d'autres, ravi le denier de la veuve & de l'orphelin, *tu n'as rien à te reprocher !* mais au mal qui, par torrent, débordait ſur la terre, qu'elles ſont les digues que tu lui as oppoſées ? lâche ! tu as donc au-moins à te reprocher d'avoir été le témoin paſſif de ſes cruels ravages.

Confeſſons-le hautement : tous, nous avons beſoin d'une indulgence mutuelle. Hé-bien, ſoyons géné-

(73) *Inſtruction du Directoire*, du 12 frimaire an 4, pag. 5.

reux ; pardonnons-nous réciproquement nos fautes & nos erreurs paſſées.

Peuple *français*, tu cours après le repos ? arrête, tu vas le cherchant par-tout où il n'eſt pas : arrête ; le voilà, mais dans l'oubli de toutes les injures, mais dans l'extinction de toutes les haines. Il en aura donc encore une fois menti, le bilieux écrivain qui, en crayonnant les crimes de quelques *Conventionnels*, diſait à l'Europe : « Ils ont enraciné la haine & la ven-
» geance ; la voix faible de la patrie ne peut ſe faire
» entendre devant ces paſſions qui ſeront éternelles ;
» elles fermentent avec fureur ; ce bitume va s'em-
» brâſer (74) ». Non, non, il ne s'embrâſera pas ; nous allons tous l'éteindre.

Oh ! qu'il ſera beau le jour où, dans le ſacrifice de toutes les paſſions, au milieu du repos des nations fatiguées, ſous les regards avides de l'univers attendri, vingt-quatre millions d'hommes, mariant leur voix aux accords harmonieux de la nature, entonneront le cantique des cantiques, le cantique de la concorde ! oh ! qu'il ſera beau, peuple *français*, ce jour où, ſous la voute des cieux, témoins de ton enthouſiaſme, de ton heureuſe yvreſſe, de tes ſermens, tu jureras à la patrie un dévouement éternel ! ce jour où, plus grand encore que le peuple romain au faîte de la gloire, tu n'aſſigneras à ton empire *moral* d'autres

---

(74) RICHER-SÉRISY, N°. 9 de l'*Accuſateur public*, page 14.

bornes que celles de la terre, à l'élévation de ton courage d'autres limites que celles du ciel :

Imperium terris, animos æquabis olympo (75).

Battu en tous ſens, avec nous, par l'ouragan déſaſtreux de la licence & de l'anarchie ſous le nom de liberté, le ſénat conventionnel, tournant ſes regards inquiets vers le port, ſoupire enfin après un abri contre la tourmente des vagues révolutionnaires. Le danger preſſe, il n'a plus que le tems de nous jeter la planche qui doit nous ſauver avec lui du naufrage univerſel : la loi du 5 *fructidor* paraît, &, comme la colombe au rameau d'olivier, qui revint jadis dans l'arche annoncer au ſecond père du genre humain, la ceſſation du déluge, cette loi, en préſentant une conſtitution à la *france*, ſans fermer ſur ſa tête les cataractes du crime, ferme du-moins ſous ſes pas les ſources de l'abyme.

J'ai vu le principe fécond & déplorable des malheurs de ma patrie : la connaiſſance du mal, jointe à l'étude de ſes ſymptômes, m'en a, je crois, indiqué le remède & la cure. Et c'eſt pour mettre le ſceau, ſi j'oſe ainſi dire, aux bienfaits de la loi du 5 *fructidor* de l'an 3 ; c'eſt pour ſuppléer le bien qu'elle n'a pu faire, que, dans un cadre étroit, j'ai eſquiſſé, à côté de l'analyſe des cauſes de nos trop longues ſouffrances, les moyens de nous en affranchir à-jamais.

Serais-je, ô mes concitoyens ! la voix qui crie

(75) VIRGIL. *Æneïd.* lib. 6. *circà finem.*

dans le désert ? Que d'abus cependant je vous ai dénoncés ! & s'il m'eût été possible, dans un aussi court espace, de donner plus de latitude à mes idées , oh de combien de plaintes encore j'aurais ému votre sensibilité !

Quoiqu'il en soit, ce n'est point dans des réformes partielles, mais dans un amendement général , que nous trouverons le repos & le bonheur. Les vices, les abus contre lesquels j'ai, tout plein d'indignation, élevé ma faible voix, sont autant de racines profondes & vivaces qui retiennent au sol l'arbre de mort, que la serpe ne peut abattre. Il ne suffit pas de couper une de ces racines pour renverser l'arbre : Il faut ou le cerner dans la terre, ou que la cognée coupe toutes ses racines.

O mes concitoyens ! c'est alors seulement qu'au sein d'un repos général , gage assuré de la félicité publique , oubliant toutes nos infortunes , & l'œil sur le bonheur, nous nous écrierons :

Ah ! les maux ne sont rien, quand on en voit le terme (76).

---

(76) *Gresset*, dans *Sydnei*, acte 1er. scène 5.

FIN.

A CHAALONS, chez BONIEZ, Imprimeur rue de Brebis.

www.ingramcontent.com/pod-product-compliance
Lightning Source LLC
LaVergne TN
LVHW020354230826
846091LV00003B/1100

* 9 7 8 2 0 1 3 2 4 8 2 1 1 *